本书得到 **国家社会科学基金青年项目** "中国城市雾霾治理的内在机理与政策模拟研究"（15CJY039） **教育部人文社会科学研究青年项目** "中国城市环境效率与产业结构调整研究"（14YJC790069） 资助

中国制造业集聚与环境技术效率研究

A Study on Manufacturing Industrial Agglomeration &
Environmental Technology Efficiency in China

李伟娜 ◎著

人民出版社

策划编辑:郑海燕
责任编辑:郑海燕　张　燕　孟　雪
封面设计:林芝玉
责任校对:吕　飞

图书在版编目(CIP)数据

中国制造业集聚与环境技术效率研究/李伟娜 著.
　—北京:人民出版社,2016.5
ISBN 978－7－01－016095－5

Ⅰ.①中…　Ⅱ.①李…　Ⅲ.①制造工业-聚集经济-研究-中国
　②环境经济-经济效率-研究-中国　Ⅳ.①F426.4②X196

中国版本图书馆 CIP 数据核字(2016)第 077170 号

中国制造业集聚与环境技术效率研究
ZHONGGUO ZHIZAOYE JIJU YU HUANJING JISHU XIAOLÜ YANJIU

李伟娜　著

人民出版社 出版发行
(100706　北京市东城区隆福寺街 99 号)

北京市文林印务有限公司印刷　新华书店经销

2016 年 5 月第 1 版　2016 年 5 月北京第 1 次印刷
开本:710 毫米×1000 毫米 1/16　印张:13.5
字数:175 千字

ISBN 978－7－01－016095－5　定价:40.00 元

邮购地址 100706　北京市东城区隆福寺街 99 号
人民东方图书销售中心　电话 (010)65250042　65289539

目　录

前　言

　　改革开放三十余年来,中国经济总量和人均产出迅速增加,成为世界上经济增长最快的国家之一。然而,在经济增长奇迹的背后,粗放型经济增长方式带来的环境问题已成为中国经济可持续发展的主要约束。从全球角度看,中国是世界上二氧化硫和二氧化碳第一排放国,严峻的环境危机使中国承载着巨大的减排压力和国际责任;从中国国情看,中国的资源禀赋条件决定了以煤炭为主的一次能源消费结构在短时间内难以改变,不断加深的工业化进程严重依赖大量资源消耗,这将不可避免地使污染排放逐步逼近环境承载的极限。在这种形势下,如何采取现实、可行的方法使中国走出既要发展工业又要减少环境污染的困境,成为当前我国经济发展中的紧迫任务和战略问题。

　　基于此,本书认为,提高我国的环境技术效率是既实现工业增长又减少污染排放行之有效的途径。首先,环境技术效率的提高有助于经济增长方式的转变。中国的工业化发展路线与西方资本主义国家推进工业化的技术路线类似,都是先通过高投入和高污染的发展方式将工业发展壮大,然后再逐步向节约型经济增长方式转变的过程中进行污染治理。目前,我国正处于工业化加速期,工业规模巨大,但是资源环境破坏严重,要求通过提高环境技术效率来推进经济增长方式转变,进而缓解环境污染压力。提高环境技术效率水平,就

是通过提高环保节能技术水平、加大节能减排产品的研发投入、增加环境污染治理投资、增强环境管制、优化产业空间布局等各种途径，使环境技术效率逐步逼近环境技术效率前沿，进而促使制造业由初步的加工贸易向拥有核心技术、自主品牌转变，由粗放型、被动型、依赖型发展向专业化、集约化、品牌化、国际化发展模式转变，由过去注重短期利益、个人利益向创新、高效、人本、生态、可持续发展的方向转变，最终实现经济增长方式的根本转变。其次，环境技术效率的提高是制造业转型升级的客观要求。改革开放以来，中国制造业的迅速发展对工业化进程的推进厥功至伟，从国际货币基金组织官方数据得知，从1990年至2009年，美国、日本、法国的制造业增加值分别增加了7380亿美元、2406亿美元、176亿美元，占世界制造业增加值的比重分别从22.59%、9.50%、4.34%下降到18.42%、5.88%、2.62%；而中国制造业增加值从1990年至2009年增加了19049亿美元，占世界制造业增加值的比重从3.15%增加到21.22%，至此，中国制造业的生产规模荣居世界第一位。但是中国的制造业仍以量大面广、技术含量低、创新能力不强、产业同构化严重、处于价值链低端为特征，大量的资源浪费和污染排放成为制造业抢占竞争力制高点的瓶颈，提高环境技术效率能够促进制造业由依靠物质资源消耗向劳动力素质提高、科学化管理转变，有效缓解制造业增长与环境污染之间的矛盾，实现传统制造业成功转型和升级。再次，环境技术效率的提高是经济社会可持续发展的内在动力。在国内，随着中国小康社会全面建设进程的加快及科学发展观的深入落实，经济社会持续发展的目标是经济、环境、社会三重目标的有效统一，环境技术效率水平的提高恰好能加快经济增长、减少环境污染、促进社会和谐；在国际上，诸多国际组织及理论界都认为提高环境技术效率是与石油、煤炭、电力、天然气同时存在的"第五类能源"，积极提升环境技术效率水平不仅能够使资源得到永续利用、环境质量得到改善，更能促进小康、幸福社会的顺利实现。

在众多影响环境技术效率的因素中,新古典经济理论框架下的研究都是从技术进步、研发投入、产业结构、外商投资、环保意识等方面进行的,忽视了产业空间分布对环境技术效率的影响。事实上,在新经济地理的逻辑框架下,产业集聚已经成为影响环境技术效率的重要因素。众所周知,产业集聚是提高产业竞争力的源泉和促进区域经济增长的不竭动力,但是,集聚不是无限、任意的,随着大规模工业化进程的推进,产业集聚也使脆弱的生态环境承载着最大的环境压力,这意味着,产业集聚通过规模经济促进了经济迅速增长的同时,也可能增加了环境污染总量,正如《2009 年世界发展报告》所言:"伴随着不断攀升的密度,集聚带来了'密集'市场的潜在利益,但集聚也带来了拥挤和脏乱问题"。另一方面,产业集聚也可能通过技术外溢、环保设施共享、关联产业知识和技术共享等外部效应促进环境与工业的协调发展,即通过在集聚内产业组织进行技术改进和加强管理,可以实现产业经济增长和环境质量提高的双赢结果,因此,产业集聚在带来经济外部性的同时还具有缓解环境压力的作用。

由此带来的问题是:产业集聚对环境污染及环境技术效率存在影响吗?产业集聚是如何影响环境技术效率的?产业集聚对环境技术效率的影响机制是什么?政府该如何利用产业集聚更好地实现环境与工业的协调发展?

目前,中国正处于产业转型的攻坚期、经济结构调整的加速期、科技创新的活跃期,但日益强化的资源环境约束正在使经济增长的传统动力趋向衰减,工业经济发展迫切要求通过提高环境技术效率来加快转型升级,尽快实现制造业由量的扩张向质的提升转变,最终打造经济、环境小康社会。

本书将重点从制造业集聚的角度探讨环境技术效率,之所以选择制造业集聚作为研究对象,存在以下几个方面的原因:首先,制造业集聚促进的区域经济增长印证了改革开放三十多年来中国经济发展的奇迹,而同时制造业集聚区也是环境污染问题较为严重的地区,

因此,中国制造业集聚是研究环境技术效率的良好载体。其次,已经有大量研究成果证明了制造业集聚通过正外部性对经济增长具有重要影响,而同时制造业集聚也可能会带来环境正外部性,将这两种外部性联系起来,可以发现制造业集聚影响环境技术效率的内在机制。再次,制造业集聚具有生命周期,从由向心力促发的集聚到由离心力导致的扩散的整个生命周期中,制造业集聚具有不同的环境特征,从环境特征与集聚特征出发,能够更好地把握和处理不同集聚阶段的环境问题,从而使环境与工业和谐发展。

本书的理论意义在于:在方向性距离函数的基础上,将正常产品作为"好产出",将环境污染作为"坏产出",通过非参数前沿法建立环境技术效率模型,计算了环境技术效率,丰富了中国环境技术效率的测量方法,很好地描述了环境技术效率的理论内涵;从制造业集聚的角度研究环境技术效率,为环境技术效率的研究提供了一个新的研究视角和研究平台;在制造业集聚的经济外部性基础上挖掘制造业集聚对环境技术效率的作用,拓展了产业集聚理论的研究范围;在制造业集聚内将制造业增长与污染减少的双重目标结合起来,共同融入环境技术效率的指标之中,更贴近中国工业化进程向前推进的实际,对当前产业结构调整和经济增长方式转变的客观要求具有理论指导意义。

本书的实践意义在于:基于方向性距离函数的框架,从产业和省际两个层面客观、准确地测度了中国各制造业行业和各省份环境技术效率水平的高低,可为中国各行业及省份环保节能工作提供参考依据;在制造业集聚发展规律的基础上研究了中国环境技术效率的变动特征及发展趋势,为中国各行业或省份实现环境技术效率前沿提供了政策指导;从产业集聚的角度,分析了中国行业环境技术效率之间的行业差异以及区域环境技术效率的区域差异,考察了制造业各行业及各省份潜在的环境技术改进空间;从制造业集聚的环境外部性出发,厘清制造业集聚对环境技术效率的影响机制,为政府缓解环境压力、促进环境与工业协调发展提供政策保障。本书的最终归宿是为全面提升中国环境技术效率水平、促进经济与环境协调发展献计献策,并力求为中国各行业及各省份制定有针对性的环境政策提供富有价值的现实依据。

本书旨在研究工业经济与环境污染矛盾加剧,亟须经济增长方式转变、产业转型升级的过程中,产业集聚对环境技术效率的影响及其影响机制。下面对本书的基本内容安排做简单的介绍。

前言部分主要阐述了研究背景、问题的提出、研究视角、研究意义、技术路线、思路内容及创新点,为本书提纲挈领。

第一章是制造业集聚与环境技术效率的研究基础。分别对产业集聚、环境技术效率以及制造业集聚对环境技术效率的影响进行了研究梳理,总结了前人的研究贡献与不足,为本书提供切入点。

第二章是产业集聚影响环境技术效率的典型事例与世界经验。分别采用德国鲁尔工业区、美国制造业、广东南庄陶瓷产业为经典事例,分析了产业集聚对环境技术效率的影响,在理论上验证制造业集聚对环境技术效率影响的理论预期,为分析中国制造业集聚与环境技术效率之间的关系提供了可借鉴的国际经验。

第三章是中国制造业集聚与环境技术效率的测算。在介绍制造业集聚和环境技术效率测度方法的基础上,分别从行业层面和省份层面对2001—2009年制造业集聚和环境技术效率进行了测度与分析,为制造业集聚对环境技术效率影响的研究提供了数据依据及理论支撑。

第四章是中国制造业集聚与环境技术效率的描述性证据。首先从产业和省份两个层面分析了制造业集聚对环境污染的影响,为制造业集聚影响环境技术效率的研究提供了假设前提;然后对制造业集聚与行业及省份环境技术效率进行了数据拟合,为测度产业集聚对环境技术效率的影响提供了假设基础。

第五章是制造业集聚与环境污染的实证分析。在文献综述的基

础上,引出产业集聚对环境技术效率影响的重要性;在提出假设的前提下,通过中国30个制造业面板数据及30个省份面板数据,分别实证检验了制造业集聚与环境污染之间的关系。估计结果表明:产业集聚与环境污染之间呈"N型"曲线关系;目前中国制造业处于中级集聚阶段,环境污染总量随集聚度提高而增加,但排放强度呈下降趋势。

第六章是制造业集聚对环境技术效率影响的实证检验。在提出制造业集聚影响环境技术效率假说的基础上,构建实证模型,进而从行业和省份两个层面实证检验了制造业集聚对环境技术效率的影响,研究发现:制造业集聚与环境技术效率之间呈"倒U型"关系,中国产业集聚度正在向拐点挺近,理论假说得到检验。

第七章是产业集聚外部性对环境技术效率的影响。利用2001—2008年中国制造业面板数据,实证分析了由专业化集聚带来的马歇尔外部性和由多样化集聚带来的雅各布斯外部性对环境技术效率的影响,试图寻求产业集聚对环境与工业协调发展的内在机制。研究发现:马歇尔外部性和雅各布斯外部性都与环境技术效率呈"倒U型"曲线关系;马歇尔外部性和雅各布斯外部性会对环境技术效率共同起作用,但马歇尔外部性对高环境技术效率组产业作用更显著,而雅各布斯外部性对低环境技术效率组产业作用更显著,通过典型行业的单样本回归也进一步验证了理论假说。

第八章是如何适度发展制造业集聚以提升环境技术效率。在对本书进行总结的基础上,针对研究结果提出了相应的政策建议,旨在为我国环境与工业协调发展提供可能的指导。

本书的结构脉络图(见图0-1)是在上述思路内容的基础上绘制的,包括缘起、正文与结语三大部分。缘起部分包括文献综述、典型事例与世界经验,这部分是对全书的鸟瞰,也是本书的理论基础及实证研究的出发点。主体部分包括三、四、五、六、七章,其中第三、四章是数据的处理、测算、描述及分析,为实证研究提供数据支持和假设前提;第五、六、七章是对理论假说的实证检验,并得出颇具意义的结果。结语部分是本书的第八章,指出如何有效发展制造业集聚、提高环境技术效率。

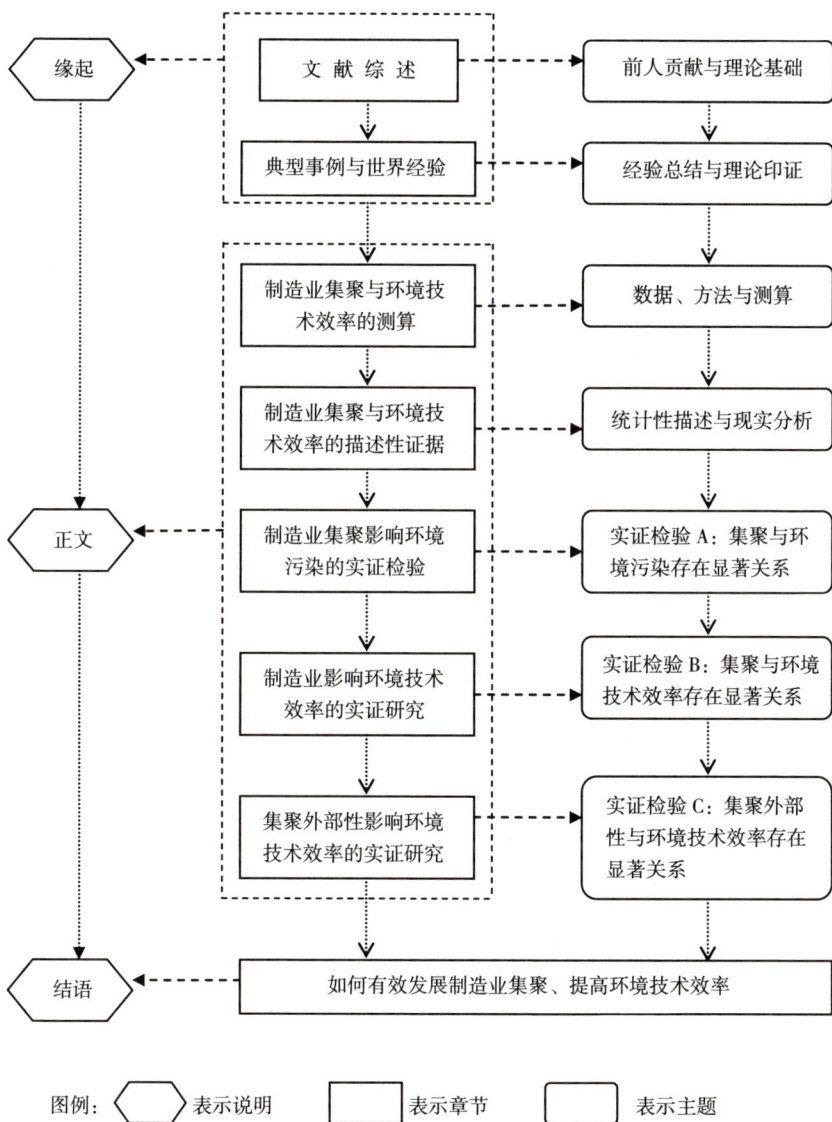

```
缘起 ┄┄ 文 献 综 述 ┄┄┄→ 前人贡献与理论基础
            │
            ↓
         典型事例与世界经验 ┄┄→ 经验总结与理论印证

         制造业集聚与环境技
         术效率的测算 ┄┄→ 数据、方法与测算
            │
            ↓
         制造业集聚与环境技
         术效率的描述性证据 ┄┄→ 统计性描述与现实分析
            │
            ↓
正文 ┄┄ 制造业集聚影响环境
         污染的实证检验 ┄┄→ 实证检验 A:集聚与环
                           境污染存在显著关系
            │
            ↓
         制造业影响环境技术
         效率的实证研究 ┄┄→ 实证检验 B:集聚与环境
                           技术效率存在显著关系
            │
            ↓
         集聚外部性影响环境
         技术效率的实证研究 ┄┄→ 实证检验 C:集聚外部
                           性与环境技术效率存在
                           显著关系

结语 ┄┄ 如何有效发展制造业集聚、提高环境技术效率
```

图例: ⬡ 表示说明　　▭ 表示章节　　▭ 表示主题

图 0-1　本书结构脉络

本书以制造业集聚对环境技术效率的影响为主要研究内容进行

了系统、深入的探讨,采用中国各行业和省份的数据理论事实进行了实证检验。无论从理论还是实证方面,本书都属于一种全新的尝试:

已有环境技术效率的研究文献均围绕技术进步、研发投入、产业结构、外商投资、环境规制因素进行分析,鲜见从产业空间分布的视角对环境技术效率影响的研究。本书从上述研究不足出发,以制造业集聚为研究视角,以制造业集聚的生命周期理论为基础,将制造业集聚在不同发展阶段对环境技术效率的影响进行了系统分析,提出了若干实证命题,对制造业集聚与环境技术效率之间的内在联系进行了翔实的论证。这些实证命题的研究不仅为理论假设提供了多层次、多角度的经验证据,同时也为集聚理论的相关研究拓展了空间,还有助于决策者根据研究结果制定行之有效的相关政策。

以往考察产业集聚或者环境技术效率的研究往往只是采用行业数据或单独采用省份数据进行分析,鲜见同时从行业和省份两个层面对同一问题进行分析。本书分别从行业和省际层面对制造业集聚与环境技术效率及其他相关指标进行了大量的数据搜集、整理、挖掘和测算,进而对各理论假设予以检验,保证了理论假设的可靠性及实证结果的稳健性。在方向性距离函数的测算过程中,本书根据现实情况测算了新的方向向量,并对约束条件进行了修正,使在方向性距离函数基础上测算的环境技术效率更符合现实。

研究结果的新发现为进一步拓展理论空间提供了新的研究基础。本书对中国行业和省际数据的实证检验获得了三个基本新发现:制造业集聚与环境污染之间呈现"N型"曲线关系;制造业集聚与环境技术效率呈现"倒U型"关系;制造业集聚外部性与环境技术效率呈现"倒U型"关系。这些新发现有待于进一步寻求理论解释,进而为理论研究的拓展与修正提供崭新空间。

李伟娜

广东金融学院

第一章 制造业集聚与环境技术效率的研究基础

纵观新经济地理理论的发展,经济学家针对产业集聚对经济增长的促进作用这一问题作出了诸多精辟的论述,并留下许多闪烁着思想光芒的理论成果。但是产业集聚对环境污染的重大影响这一课题却一直未得到系统、深入的研究。理论上,如果产业集聚对经济增长的影响是既定的,且产业集聚对环境污染的影响也是客观存在的,那么产业集聚对代表环境与工业协调发展的环境技术效率就必然存在影响。沿着这样的分析思路,本章将对产业集聚、环境技术效率及二者的关系进行文献回顾,分析前人的贡献与不足,梳理本书的理论观点,为后续研究铺垫理论基础。

本章首先将对产业集聚文献进行回顾,包括界定产业集聚的内涵、回顾产业集聚生命周期理论、介绍向心力和离心力两个重要因素、阐述影响环境技术效率机制的集聚外部性以及集聚对生产率的影响;其次,对环境技术效率的内涵、测算方法、影响因素和相关假说进行详尽的综述,为实证研究奠定方法论基础;最后从国内和国外研究进展两个方面对产业集聚与环境技术效率之间关系的相关文献进行综述,指出本书的出发点。

第一节　产业集聚的发展脉络

一、产业集聚的内涵

理论界对产业集聚的研究最早可以追溯到马歇尔提出的"三维论":产业集聚能够使企业更好地分享劳动力市场,更易于进行国际贸易,能够更好地实现知识和信息的共享,这也被称为产业集聚产生的"三个源泉"。直到新经济地理理论兴起,对产业集聚的研究开始转为空间分析。表1-1按照时间的先后顺序对产业集聚内涵的界定进行了简单梳理,试图总结前人对产业集聚内涵的研究成果,包括代表人物、基本内涵、界定角度以及代表文献。

表1-1　对产业集聚内涵研究的界定

代表人物	基本内涵	界定角度	代表文献
马歇尔	产业集聚的产生源于宫廷奖掖以及自然禀赋,产业集聚的主要因素为劳动力共享、中间产品共同投入和技术溢出三方面	供　给、需求	Marshall(1980)
韦伯	首次提出"集聚经济"的概念,劳动成本、交通成本及社会集聚经济是产业集聚的影响因素	工业区位	Weber(1929)
欧琳	提出"集中经济"和"集中不经济"概念,通过产业区位与贸易理论的结合来解释产业集聚	产业布局	Ohlin(1933)
胡弗	把集聚经济分为内部规模经济、地方化经济以及城市化经济	集聚原因	Hoover（1936,1937)
雅各布斯	强调城市的发展以及城市多样化,认为多样化能够产生技术外部性,而技术外部性又能促进新一轮城市经济的增长	城市增长	Jacobs(1969)
弗里德曼	"中心—外围"结构的形成,取决于大城市高度集聚、人口的快速增长及文化差异性	城市系统	Friedman(1973)

代表人物	基本内涵	界定角度	代表文献
亨德森	产业集聚和生产率存在显著相关关系,产业集聚能够促进生产率的提高	生产率	Henderson (1986)
波特	一个国家的产业竞争优势常常趋向于形成集聚,产业集聚内部产业之间的联系加速了市场竞争,并进一步促使创新资源向产业集聚区域集聚	竞争力	Porter(1990)
克鲁格曼	分析集聚对规模经济的作用,构建了中心—外围模型	中心—外围模型	Krugman (1991a, 1991b)
藤田和蒂斯	完全竞争条件下的外部性、垄断竞争条件下的规模收益递增以及博弈条件下的空间竞争是产业集聚产生的主要原因	外部性	Fujita & Thise (1996)
沃顿和普加	共享、匹配和学习是城市集聚经济的微观基础	微观基础	Duranton & Puga(2005)

从产业集聚研究的发展脉络来看,理论界对产业集聚内涵的界定大多停留在集聚产生的构成要素及其对城市或区域经济的影响等方面。以马歇尔为代表的产业区位理论认为中间投入和技术溢出催生了产业集聚(阿尔弗雷德·马歇尔,2005);以韦伯为代表的工业区位论者关注产业集聚中较低的劳动力成本和运输成本对集聚的作用(阿尔弗雷德·韦伯,1997);传统贸易理论认为各种有用资源的聚集促进了产业集聚产生(保罗·克鲁格曼,2000);以克鲁格曼为代表的新经济地理理论对产业集聚的研究则包括规模经济、市场规模、贸易成本、劳动力、产业的前后向关联等方面(保罗·克鲁格曼,2000);波特的竞争理论则认为竞争是产业集聚产生的原动力(迈克尔·波特,2002)。这些研究的视角广泛,包含供给和需求、工业区位、产业布局、集聚原因、城市增长、城市系统、生产率、竞争力、中心—外围、外部性、非经济因素、微观基础等多方面,但从产业集聚可持续发展的角度进行研究却较为少见,通过产业集聚研究环境和资源的文献也很少见。

　　本书认为,产业集聚应指某一产业内大量中小企业在某个特定地理区域内高度集中,产业资本要素在空间范围内不断汇聚的产业组织形态。产业集聚在上下游产业链之间的联系、知识和技术共享、基础设施共享、劳动力市场共享、产业特定专业化服务的过程中产生外部性,极大提高了产业和区域竞争力,并对自然资源与自然环境产生巨大影响。在本书中,我们所界定的制造业集聚,在行业层面上主要是指制造业的空间集聚,在区域层面上,指的是制造业的省际专业化分工。

　　随着产业集聚理论研究的深入,通过实证对产业集聚内涵的深入研究也取得了较大进展,见表1-2。

表1-2　产业集聚实证研究的进展

实证内容	代表人物	主要内涵	代表文献
自然资源和劳动力的投入	吉姆	劳动力、资本等要素禀赋可解释区域分布,自然资源禀赋可解释就业状况	Kim(1995,1999)
	艾莉森和格莱泽;安德瑞斯和弗里德曼	电、天然气、煤炭等行业的自然资源优势对产业集聚影响重大	Ellison & Glaeser (1999);Audretsh & Feldman(1996)
	格莱泽和科尔哈泽	运输条件和自然资源禀赋对产业集聚存在重大影响	Glaeser & Kohlhase (2004)
市场需求	布鲁尔哈特;哈兰	市场潜力和规模将对产业集聚产生影响	Brulhart (1998); Haaland(1999)
	戴维斯和韦恩斯坦	源地市场效应是地理集聚的重要因素	Davies & Weinstein (1999)
企业内部规模经济	福尔摩斯和史蒂文斯	企业规模加速了产业向某一区域集中	Holmes & Stevens (2002)
	布劳纳和约翰森	企业规模和产业集聚对瑞典产业存在很大影响	Brauner-Hjelm & Johansson(2003)
企业外部规模效益	安德瑞斯和弗里德曼	知识溢出使得创新活动比较容易在产业集中地区发生	Audretsh & Feld-man(1996)

续表

实证内容	代表人物	主要内涵	代表文献
产业关联	维纳布尔斯；哈兰	产业关联促进了产业的区域专业化水平的提高	Venables（1996）；Haaland（1999）
区域经济一体化	帕鲁兹	发展中国家全球贸易的扩大影响了产业集聚	Paluzie（2001）
	斯约堡和乔尔姆	贸易自由化促进了产业地理集中	Sjoberg & Sjoholm（2004）

从对产业集聚的实证研究看,文献多集中于对产业集聚产生的动因或者产业集聚带来的经济结果两方面进行研究。事实上,在这些原因或结果中,每一要素都包含了可能带来环境破坏和资源紧缺问题的因素在内,但是这些研究都没有提及集聚对环境的影响或者环境对集聚产生的作用。本书将在这些实证文献的基础上,采用中国数据验证制造业集聚对环境技术效率的影响问题,试图弥补产业集聚实证研究的不足。

二、产业集聚的生命周期理论

产业集聚的生命周期理论基础源于产品生命周期。1966 年,格鲁伯等考察美国产业如何进行创新的时候,正式提出产品生命周期理论。他们把产品生命周期大致分为四个发展阶段:在本国进行产品创新的阶段;他国对本国的创新进行模仿阶段;他国根据创新成果生产新产品并出口新产品阶段;本国在国际贸易专业化分工低成本条件下进行进口阶段。在此基础上,不同学者对产业集聚生命周期给出了不同阐述,详见表 1-3。

从产业集聚生命周期的研究内容来看,这些文献存在以下特征:第一,总体来说,这些文献基本是根据产业集聚的特点或机理将其划分成不同阶段,这些阶段的划分目的在于探究不同阶段产业集聚带来的经济效益,即便是分析集聚衰落阶段提到了土地资源的紧缺,也

表1-3 产业集聚生命周期的研究文献及内容

学者	产业集聚生命周期阶段
韦伯(Weber,1929)	企业扩张是产业集聚低级阶段的一个主要表现;大企业形成大规模生产是产业集聚向高级阶段迈进的表现
克鲁格曼(Krugman,1991a;1991b)	当运输成本、产业关联和规模经济作为向心力时,产业集聚度增强;当拥挤效应产生后,若拥挤成本高于集聚的向心力成本,集聚趋向分散
波特和斯旺(Porter 和 Swann,1998)	产业集聚分为形成、成长、成熟与转型、衰退、死亡或复兴等五个阶段
卡佩罗(Capello,1998)	集聚演进表现为从低级向高级不断演进和升级
威尔逊和辛格尔顿(Wilson 和 Singleton,2003)	产业集聚分为临界、起飞、高峰和饱和四个阶段
谭(Tan,2006)	高科技产业集群经历初始制度创新、技术创新、市场创新以及重新定位四个阶段
迪迈、艾里森和格莱泽(Dumais,Ellison,Glae-ser,1997)	集聚生命周期分为诞生、扩张、收缩、关闭四个阶段
布鲁斯(Bruso,1990)	集聚分为政府自发干预阶段和政府集中引导阶段
范·迪吉克(Van Dijik,1997)	产业集聚分为从地理上偶然集聚向创新区转变的不同阶段
帕德和约翰(Pouder 和 John,1996)	产业集聚分为形成、收敛和重新定位三阶段
符正平(2004)	集聚经历模仿和创新网络两个阶段
梁琦(2004)	产业区位的生命周期分为集聚、分散生产和再集聚阶段
范剑勇(2004)	一体化水平从低级阶段向中级阶段挺进时,产业集中度上升;从中级阶段向高级阶段上升时,产业集中度下降
傅十和、洪俊杰(2008)	集聚初级阶段,马歇尔外部性存在;随着集聚度升高,大城市雅各布斯外部性发挥作用;大城市产业竞争力不断增强,出现高度专业化集聚的现象
梁琦(2010)	产业集聚与产业结构之间存在递增、下降或"倒U型"关系

国外学者 (第一组行)
国内学者 (第二组行)

仍是从低价带来的成本出发,没有从拥挤效应带来的环境问题角度给予说明,对集聚在各阶段带来的环境效益的分析非常缺乏。第二,从各个阶段分析来看,文献主要关注集聚各阶段的经济、技术、创新等方面特征,对各阶段环境特征的系统描述、分析仍然鲜见。第三,从研究方法上看,这些研究大多停留在理论、建模或者案例分析阶段,鲜见实证检验研究。

本书试图构建一个基于产业集聚生命周期理论的分析框架。现实中,产业集聚在不同的发展阶段,具有不同的经济增长和环境污染特征,那么,产业集聚对环境技术效率一定存在不同程度的影响。因此,我们将构建一个动态的生命周期理论分析框架,探讨在制造业集聚的不同生命周期阶段其是如何影响环境技术效率的。事实上,制造业集聚具有自身的生命周期,而规模效应的作用也在不断发生变化,这种变化过程对资源和环境的影响是直接而显著的。本书将制造业集聚的发展阶段及各个阶段的环境效应归纳如表1-4所示。

表1-4 产业集聚的发展阶段及其环境特征

特征类型	产业集聚			产业扩散	
集聚及环境特征	初级集聚阶段	中级集聚阶段	高级集聚阶段	继续高度集聚	产业转移或消失
产业集聚结构及集聚类型	产业种类少、关联度低、产业链短,集聚类型主要是专业化集聚	产业种类增加、关联度升高、产业链延长、网络化出现,集聚类型由专业化集聚向多样化集聚转变	产业多样化、关联度高、产业链完善、网络结构复杂,集聚类型主要是多样化集聚	产业多样化、关联度高、网络结构复杂稳定,集聚类型主要是多样化集聚	产业关联度低、专业化低,集聚类型表现为扩散
关键生产要素、产业类型及技术水平	劳动力、资源为主要生产要素	劳动力、技术为主要生产要素,以劳动密集型和资本密集型产业为主,技术不断改进	资本、技术创新为主要生产要素,以资本密集型产业为主,技术不断创新升级	资本、技术创新为主要生产要素,以资本密集型产业为主,技术水平高	以劳动密集型和资源密集型产业为主,技术水平低

特征类型	产业集聚			产业扩散	
环境效应	能耗高、污染大	有限利用能源、控制污染	环保节能	环保节能	能耗高、污染大
规模经济影响环境	生产规模经济带来污染	通过技术、知识共享治理污染	环境规模经济产生	环境规模经济产生	规模经济消失
污染治理	末端治理	废物回收	低碳经济	低碳经济	末端治理
环境管制	压力小	压力逐渐增大	压力大	压力大	压力大

资料来源:顾强:《提高产业集群生态效率,促进循环经济发展》,《中国经贸导刊》2006年第10期,第30—31页。笔者进行了修改和扩展。

表1-4将产业集聚分为两个大阶段——产业集聚和产业扩散两个阶段。产业集聚阶段包括初级集聚阶段、中级集聚阶段和高级集聚阶段;产业扩散阶段包括继续高度集聚和产业转移或消失阶段。在产业集聚初级阶段,产业种类少、关联度低、产业链短,专业分工明显,劳动密集型产业和资源密集型产业主要依靠劳动力和资本投入来获得利润,粗放型的生产方式导致投入高、能源消耗大、环境污染大。同时,产业之间知识、技术外溢能力较小,制度不完善使得中间品无法很好地实现共享,污染成本较高,这不利于环境污染的治理。由于生产规模扩大只能带来更多的污染,因此,在产业集聚的初级阶段,环境污染严重。在产业集聚中级阶段,产业种类增加、关联度提高、产业链延长、网络化结构出现,集聚内企业的合作,使实现单个企业无法完成的节能减排目标成为可能,规模经济通过技术创新、知识外溢和中间设施共享等途径在获得更多利润的同时,有效减少污染成本,使环境污染得到有效的遏制。在产业集聚高级阶段,产业关联度高、产业链完善、网络结构复杂,并逐渐产生了多样化集聚。此时规模经济效应得到更好发挥,经济增长迅速。同时,专业化带来的劳动力市场、中间产品市场及知识外溢,降低了集聚企业的各种成本。这些成本不仅包括交易成本、创新成本和继续高度集聚交通通信成

8

本,还包括污染治理的成本和节约能源的成本。此外,产业集聚越趋于稳定,各种规制将变得更加完善,环境规制越能够起到较好的制约作用,从而使集聚区域内各企业都自觉地实施环保节能,减少污染。因此,在产业集聚的高级阶段,环境污染将呈下降趋势。在产业集聚继续高度集聚阶段,产业多样化、关联度高、网络结构复杂、稳定,技术水平高,能够强化经济效应增加和环境污染减少,这一阶段是产业集聚高级阶段的延续,环境污染将进一步减少。在产业集聚转移或消失阶段,一般来说,转移或消失的集聚多为竞争力不强、环境污染严重的产业集聚,多以劳动力、资源为主要生产要素,以劳动密集型和资源密集型产业为主,技术水平低。当多个产业集聚在同一个区域,就会产生拥挤效应,使集聚区不堪环境重负,从而转移或消失。因此,这个阶段的集聚规模经济效应减弱,污染较为严重。

三、产业集聚的向心力与离心力

产业集聚的向心力与离心力是产业生命周期中两个重要的要素,决定了产业集聚生命周期的长短及质量。一般来说,产业集聚的向心力包括丰富的资源(Traistaru 等,2002;冼国明和文东伟,2006)、运输成本的降低(Krugman 和 Venables,1995)、市场需求的扩大(Brulhart 和 Torstensson,2003)、知识溢出、信息共享(梁琦,2004)和产业关联(Midelfart-Knarvik 等,2000;2001)等,向心力促使集聚产生并发展壮大;离心力包括恶性竞争、环境污染(胡鞍钢,2009;Tan,2005)、自然资源紧缺(Rauch,1993)、拥挤成本的升高(世界发展银行,2009;Fujita、Krugman 和 Venables,1996)等,最终导致集聚转移、扩散或消失。寻求市场机会、企业间协同合作、创新环境及收益递增是向心力产生的因素;与之相对应,市场风险、企业内部恶性竞争、外部不经济性以及落后的制度环境是离心力产生的主要因素。

已有产业集聚的研究是将产业集聚的向心力和离心力分离开来。一方面,产业集聚的向心力通过规模效应带来经济外部性,吸引

了生产要素的流入,使产业集聚程度进一步增强。另一方面,在产业集聚的离心力中以环境污染和拥挤效应最为突出,随着节能减排压力增大,污染密集型产业不得不退出现有的集聚舞台,经济力较差的行业需要为现有竞争力强的产业或有生命力的新兴产业腾出空间,最后导致产业转移或扩散,见图1-1。图1-1中开放条件下产业集聚的向心力与离心力分析模型表明,向心力和离心力处于产业集聚生命周期的两端。产业集聚的经济正效应是能够促使其生存发展的有效路径,但是,一旦产业集聚不能再带来更多的经济利益,它就必将走向生命周期的终端,此时离心力成为产业集聚分散和消亡的原因。

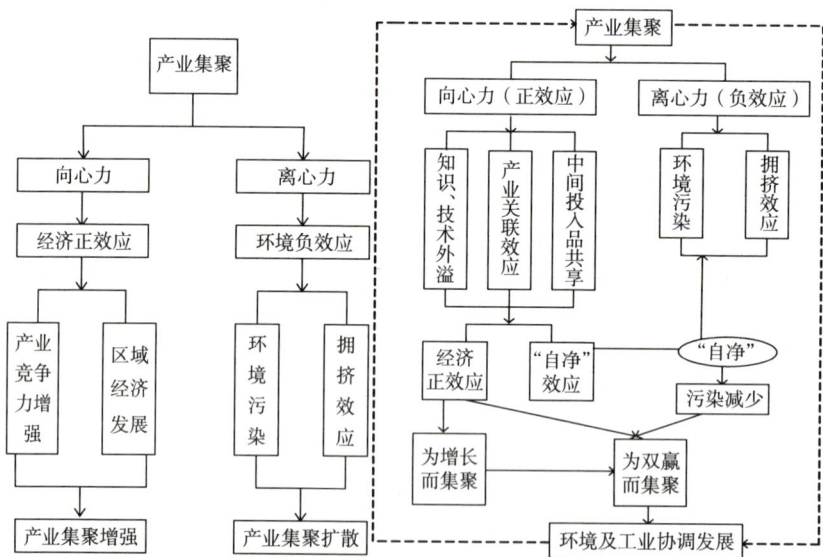

图1-1 开放条件下与闭合循环条件下产业集聚的向心力与离心力分析模型

本书认为,将向心力和离心力分离开来研究的主要原因是没有发现产业集聚还具有环境正效应,即产业集聚可以通过集聚优势更好地治理污染,具体表现为两种形式:一种是在集聚地区行业之间或行业内部通过合作与共享实现污染减少,这是一种直接实现机制;一种是集聚通过规模经济优势带来更多的经济利益,使经济效率的提高大于污染强度的增加,实现经济利润相对增加或环境污染相对减少,这是一种间接实现机制。图1-1中闭合条件下产业集聚的向心力与离心力分析模型表达了产业集聚与环境技术效率之间关系的一般理论。从产业集聚的向心力和离心力出发,经济正效应带来向心力,环境负效应带来离心力。在产业集聚发展过程中,除了经济正效应还包括环境正效应,相关因素还包括知识和技术外溢、产业关联、中间品投入共享。知识和技术外溢不仅指生产知识技术外溢,还指环保节能知识与技术的外溢;产业关联不仅指上下游产业之间的经济合作,还指在环保节能时的互惠互利;中间投入品共享不仅指用于生产的人、财、物的投入共享,还指环保设施、专职环保人员、环保资金投入的共享。因此,从经济正效应的角度来说,产业集聚仍属于"为增长而集聚"的范畴;而从环境正效应的角度来看,产业集聚能使拥挤效应减弱,从而实现污染减少。若产业集聚既发挥了经济正效应又使污染减少,即一方面集聚的经济正效应实现了经济利润的增加,一方面集聚的环境正效应实现了环境污染的减少,那么产业集聚就对环境及工业的协调发展起到了促进作用,这种思想恰好符合产业集聚能够对环境技术效率的提升起到促进作用的理念。

图1-1中从开放条件到闭合循环条件下集聚与环境技术效率之间关系的转变,能够发现三点路径突破:第一,摒弃了向心力与离心力分离的研究思路,将向心力和离心力之间相辅相成的关系作为环境技术效率提高的必要条件。第二,开放条件下产业集聚的向心力与离心力分析模型是产业集聚从摇篮到坟墓的一个过程,这是一个简单的理想状态。闭合循环条件下产业集聚的向心力与离心力分析模型从事物的两面性出发,发现了集聚的环境正效应,搭建了向心力和离心力的相互关系的桥梁,创造了环境及工业协调发展的可能,最终使得产业集聚和环保节能形成了一个闭合循环系统。第三,闭合循环系统模型既为产业集聚的可持续发展创造了条件,也为产业

集聚促进节能减排提供了理论基础。

四、产业集聚的外部性理论

大量研究表明,产业集聚外部性是促进生产率提高的主要动力(Marshall,1920;Porter,1990;Ellison、Glaeser 和 Kerr,2007),它通过基础设施共享、人才市场共享、知识和技术共享使企业成本减少,风险减小,从而提高效率,增加效益。我们从知识、技术溢出、产业关联和共享三个方面回顾集聚外部性的重要性。

第一,知识、技术溢出。知识、技术溢出是集聚外部性发生作用的重要因素之一,是提高生产率的重要渠道,只要有产品研发、信息存储的地方都可能会产生新知识或新技术外溢。梁琦(2004)认为,知识和技术的溢出是全球性的也是区域性的,企业不仅可以从当地的学习中获得好处,也能从外地的学习中受益。也有学者采用1970—1995 年间制造业面板数据,阐述了知识溢出与技术扩散的区域性特征,实证结果表明,知识溢出随着集聚的增强而不断增加(Keller,2000)。另外一些学者则从向心力和离心力对创新活动或者知识外溢的影响等问题进行研究(Audretch 和 Feldman,1996;Gersbach 和 Schmutzler,1999)

第二,产业关联。产业关联是指在经济活动中各产业之间存在的广泛、复杂而密切的经济技术联系。在产业集聚内,上下游企业之间相互影响、相互制约的关系描述了集聚内的产业关联性。上游产业的产出通常为下游产业的投入,下游产业生产的最终消费品又为上游产业提供了新的供应。集聚通过上下游产业间产品的高度化分工降低了生产成本、提高了生产效率,使企业之间能够系统、有序地合作,最终形成网络化结构。赫希曼(1991)认为集聚内产业的前向、后向关联能使原有的生产在空间的集聚程度得以增强。对于上下游产业间有关环保节能的关联,集聚内的企业能够更好地实现环境的正外部性。当产业链上某一产业实施了环保节能行动,其下游产业自然可以分享环保行动带来的好处,包括减少治污成本、共享环保知识技术外溢、树立良好社会形象等。

第三,共享。产业集聚内的共享主要指中间投入品共享和风险分担。中间投入品包括基础设施、资金与人力资源的投入、公共服务等,在集聚过程中,中间投入品共享有利于实现规模经济和专业化,若中间投入品能够促使规模经济产生,生产率将随之提高。马歇尔(Marshall,1920)认为,集聚内部企业之间的劳动力共享能获得相对稳定的劳动力供给;沃顿和普加(Duranton 和 Puga,2001)强调知识外溢、技术共享和中间投入对产业集聚的决定作用。分担风险是共享的另一方面,在一些投入大、周期长、风险大的领域,合作创新、共享能够使集聚内的参与者所承担的风险相对减少,减小企业机会成本。本书关注的是集聚内企业之间进行环保节能时共享环境投入带来的经济效益增加以及污染治理风险的减少。

以上述集聚外部性的三个主要因素为依托,产业集聚的外部性主要分为马歇尔外部性和雅各布斯外部性。近年来,马歇尔外部性与雅各布斯外部性的研究取得了一定的进展。马歇尔(Marshall,1920)认为中间投入品共享、劳动市场共享、知识外溢是集聚产生的"三个源泉",这些因素极大地推动了专业化分工,所以通常把由专业化集聚带来的外部性称为马歇尔外部性(Marshallian Externalities)。希尔(Shefer,1973)实证检验了马歇尔外部性在制造业中是确确实实存在的;亨德森(Henderson,2003)通过实证检验发现,在高科技产业中马歇尔外部性对生产率的影响更显著。与之相对应,雅各布斯(Jacobs,1961;1969)更加强调产业多样化集聚对区域经济的促进作用。她认为,产业多样化集聚能带来服务和基础设施等中间投入品共享,不同制造业行业通过提高劳动力市场效率来降低交易成本,并较好地发挥了下游产业链间关联效应。因此,多样化集聚常常被称为雅各布斯外部性(Jacobs Externalities)。西格尔(Segal,1976)实证研究了雅各布斯外部经济的存在性;格莱泽

（Glaeser，1992）采用美国主要城市中的产业数据实证研究了雅各布斯外部性对劳动力就业的促进作用。国内文献对多样化外部性和专业化外部性带来的影响也进行了研究，傅十和和洪俊杰（2008）采用2004年中国制造业企业数据实证验证了不同规模企业究竟是得益于马歇尔外部性还是雅各布斯外部性；范剑勇和石灵云（2009）将关联产业集聚和产业内集聚看作是产业外部性来源，实证检验了关联产业之间和产业内部集聚外部性对生产率的影响。可是，这些文献皆从经济外部性出发，没有关注马歇尔外部性和雅各布斯外部性对环境技术效率提高的重要性。

虽然理论界对环境问题的研究正在逐渐深入，但是从产业集聚外部性出发研究环境技术效率仍显不足，主要表现为以下几点：第一，长期以来，文献以研究产业集聚正外部性为主，尤其关注集聚经济外部性对产业竞争力和区域经济的影响，忽视了集聚带来的环境外部性。第二，学术界对马歇尔外部性和雅各布斯外部性的研究不断深入，但是都没有关注这两种外部性对环境及工业协调性的影响。第三，在涉及环境与工业协调发展的研究中，产业集聚外部性对环境技术效率的影响鲜为提及。

五、产业集聚及其外部性与生产率

产业集聚对生产率增长的研究已经非常广泛。在支持产业集聚对生产率增长具有促进作用的研究观点中，早期的研究主要关注集聚带来的规模经济对生产率的影响（Sveikauskas，1975；Segal，1976；Moomaw，1985），通过不同实证模型对区域或产业数据进行检验，所得结果基本都支持了产业集聚与生产率增长呈显著正相关关系。后来的学者多以就业密度作为集聚的度量变量（Ciccone 和 Hall，1996；Ciccone，2002），研究产业集聚与生产率增长之间的关系，结果表明就业密度与生产率之间也呈现显著的正相关关系。还有支持此观点的学者分别采用美国、日本、芬兰的数据进行实证检验，结果发现无论从行业角度还是省份角度,产业集聚对劳动生产率都具有极其显著的促进作用(Ottaviano 和 Pinelli,2006)。在不支持集聚促进生产率增长的研究观点中,理论界采用不同模型和数据,对多个国家产业集聚与生产率之间的关系进行实证检验,结果表明以人口密度、劳动力数量为指标衡量的产业集聚对生产率的增长并没有起到促进作用(Beeson,1987;Bautista,2006)。

此外,也有研究检验了集聚与生产率呈现非线性关系的理论假设。阿乐普(Arup,1999)以印度的棉花纺织业以及电器设备业为例,实证检验了集聚外部性与产业生产率之间的关系,研究结果表明,随着产业集聚度的升高,产业技术效率也呈显著递增趋势,但当集聚度达到一定水平之后,规模不经济出现,产业集聚对产业技术效率的促进作用不再明显。从产品多样性出发的研究,考察了产业集聚带来的规模经济对经济增长率的影响,结果表明二者呈"倒 U 型"关系,集聚度过低或者过高都不利于经济增长率的提高(Futagami 和 Ohkusa,2003)。国内有学者用就业密度来度量产业集聚,实证分析表明产业集聚与劳动生产率之间呈现正相关关系(范剑勇,2006;陈良文等,2008)。章元和刘修岩(2008)采用中国各城市数据,实证研究了产业集聚与经济增长之间的显著正相关关系。赵伟和张翠(2008)利用中国制造业面板数据,考察了区域集聚与全要素生产率增长之间的关系,结果表明产业集聚能够极大促进全要素生产率的提高。王丽丽(2010)分别从产业及地区层面对产业集聚和全要素生产率之间的关系进行实证考察,结果表明由于门槛效应的存在,只有当贸易开放程度达到一定水平以后,产业集聚对全要素生产率的促进作用才明显可鉴。

在考察产业集聚外部性与生产率之间的关系时,外国学者大多认为产业集聚外部性与生产率之间的关系具有不确定性。鲁斯奥等(Lucio,2002)采用西班牙制造业的面板数据进行考察,发现雅各布斯外部性对劳动生产率不产生影响,而马歇尔外部性与劳动生产率

之间呈现"U型"显著关系。优赛等(Usai 和 Paci, 2003)采用意大利数据进行研究,结果表明雅各布斯外部性对经济增长具有促进作用,马歇尔外部性对经济增长起到阻碍作用。国内学者也得出了集聚外部性与生产率之间存在不确定性关系的结论。薄文广(2007)采用中国 1994—2003 年 25 个行业 10 年的面板数据进行考察,研究发现集聚的多样化水平与工业增长水平之间存在非线性关系,而集聚的专业化水平与工业增长水平之间显著为负。石灵云(2008)采用 1985—2003 年的四位数产业数据对集聚的外部性与区域经济增长之间的关系进行了实证研究,结果表明,产业集聚的外部效应极大地促进了区域经济增长。

以上研究结果表明,在诸多研究产业集聚的文献中,大多关注产业集聚对经济的重要作用和影响,对产业集聚可持续发展的研究不多,产业集聚对环境产生影响的文献还很少见,挖掘产业集聚是否具有环境正效应是对产业集聚研究的重点和难点。本书将探求产业集聚除了对产业竞争力、区域经济发展具有作用以外,能否通过其外部性对环境污染问题的缓解起到一定的作用,最终在集聚区域内实现环境与工业的协调发展。

第二节 环境技术效率的若干问题

一、环境技术效率内涵的界定

在了解环境技术效率内涵之前,首先应了解几个重要的概念:效率、技术效率与生产可能集。作为经济学理论中最基本的概念,效率(Efficiency)反映的是生产单位实际生产状况与最佳生产状态之间的差距。玛格达和迭戈(Magda 和 Diego, 2001)认为,在价值产生的过程中,可以用"经济""效率""绩效"等指标衡量生产的有效性,如果通过降低成本而获得了最大利润,这种生产行为就是非常有"效率"的。因此,效率就是指经济主体在现有资源条件下成功地实现了利润最大化或成本最小化,使资源得到了最优配置。技术效率的概念最早由法雷尔(Fare,1957)提出,他认为技术效率是在相同的产出条件下,最小可能性投入与实际投入的比率。目前,得到理论界认可的含义表述如下:技术效率是在一定的投入要素数量下,通过科技实力的增强所能获得的最大产出的潜在能力。在经济学理论中,生产可能集是在技术条件一定的情况下,厂商投入一定的要素组合及要素组合生产的产出共同构成的集合。当只有一种投入和一种产出时,生产可能性集为图1-2中的阴影部分。

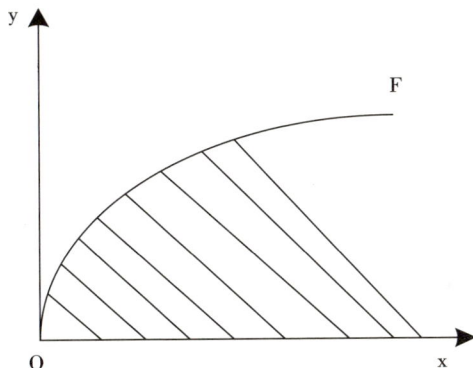

图1-2 生产可能性集

图1-2中的 OF 为生产前沿面,描述了厂商投入的生产要素组合与最大收益产出之间的关系,同时也反映了在这种投入组合下技术水平的高低。如果厂商的生产水平恰好位于生产前沿面上,则是有效率的;如果生产水平位于生产前沿面以内的区域,则技术无效。当厂商存在多投入、多产出的情况时,就需要通过生产集合来描述生产技术,这个生产集合就被称为"生产技术集"。在法雷尔(Farrell,1994)研究结果的基础上,我们假设 $N \times 1$ 和 $M \times 1$ 分别为非负实数的投入向量和产出向量,分别用 x 和 y 表示。那么生产技术集可以定义为: $P = \{(x,y) : x$ 能生产出 $y\}$ 。生产技术集是距离函数的方法

论基础,因此也是后面我们通过方向性距离函数测算环境技术效率的理论和方法基础。

近年来,虽然对环境技术效率的研究也取得了丰硕成果,但是环境技术效率还没有统一而权威的定义。早期关注环境效率的学者一般从环境政策入手来考察环境效率,谢尔(Scheel,2001)最早提出环境技术效率存在的前提假设,即"好产出"和"坏产出"同时存在。"好产出"是指在投入一定的情况下生产的可以实现经济价值的产品;"坏产出"指在生产正常产品的同时带来的废水、废气、固体废弃物等环境污染。法雷尔(2007)首次提出了环境技术的概念,他们认为在弱处置条件下,"好产出"一定会伴随"坏产出"的产生,没有"坏产品"就无法生产"好产品",各要素投入资源与"好产出"和"坏产出"之间的技术结构关系,就被称为"环境技术"。与投入—产出这种传统的技术结构不同,环境技术描绘的是在技术水平一定的情况下,"好产出"与"坏产出"之间的差距。

沿用法雷尔(2004,2007)的基本思想,国内学者也对环境技术效率进行研究。涂正革和刘磊珂(2010)认为环境技术效率反映了产品的投入、产出与环境污染之间的关系,通过人们对环境质量要求的深入分析,较全面地测度了现实工业生产中如何使"好产出"最大和"坏产出"最小的可能性;同时,环境技术效率除了反映了产业和环境结构的合理性,还能够衡量工业经济与环境之间协调发展的程度。王兵等(2010)运用SBM方向性距离函数测算中国30个省份的环境技术效率,指出禀赋结构、产业结构、环保意识等因素对环境技术效率具有重大影响。汪克亮(2011)在介绍包含环境在内的生产技术集概念的基础上,将"好产出"和"坏产出"纳入统一分析框架,构建了无环境规制和有环境规制两种条件下的能源环境技术效率模型,对环境能源效率进行了测量,指出了中国省际环境技术效率的差异。王海宁(2011)定义环境技术效率为"好产出"的产量与环境技术前沿产出量的比值,环境技术效率越接近于环境技术前沿,对环境技术进行改进的空间潜力就越小。

综上，我们认为，从方向性距离函数的思想出发，环境技术效率实际是指环境产出的最佳可能前沿，是期望产出与环境技术前沿结构下产出量的比值，即在投入一定的条件下，"好产出"最大、"坏产出"最小的可能性集合。环境技术效率用来衡量一个区域或产业是否实现了环境与工业的协调发展，追求技术效率前沿是实现环境与工业协调发展的必然选择。

二、环境技术效率的测算方法

1.环境技术效率的测算

在技术条件一定的前提下，我们认为伴随着正常产品产出的是包括废水、废物、废气等各类环境污染在内的"坏产出"的产生。在已有文献中，处理"坏产出"方法较多，汪克亮（2011）将环境技术效率的方法概括为以下三种简单的模型：第一种方法是曲线测度评价法。该方法是法雷尔（1989）提出的，通过对"坏产出"的倒数求解，以实现在增加"好产出"的同时减少"坏产出"的目的。若污染自由处置，则模型为：

$$\max\theta$$

$$\text{s.t.}\begin{cases} \sum_{j=1}^{n} \lambda_j x_{ij} \leqslant x_i^0, i = 1, 2, \cdots, m \\ \sum_{j=1}^{n} \lambda_j y_{rj} \geqslant \theta y_r^0, r = 1, 2, \cdots, s \\ \sum_{j=1}^{n} \lambda_j b_{rj} \leqslant \frac{1}{\theta} b_t^0, t = 1, 2, \cdots, k \\ \sum_{j=1}^{n} \lambda_j \leqslant 1, \lambda_j \geqslant 0 \end{cases} \quad (1-1)$$

第二种方法是将污染作为投入的一种处理方法。已有文献将环境污染作为投入要素，通过数据包络分析（DEA）模型求得最优解。

模型如 1-2 所示:

$$\max\theta$$

$$\text{s.t.}\begin{cases} \sum_{j=1}^{n} \lambda_j x_{ij} \leq \theta x_i^0, i=1,2,\cdots,m \\ \sum_{j=1}^{n} \lambda_j y_{rj} \geq y_r^0, r=1,2,\cdots,s \\ \sum_{j=1}^{n} \lambda_j b_{rj} \leq \theta b_t^0, t=1,2,\cdots,k \\ \sum_{j=1}^{n} \lambda_j = 1, \lambda_j \geq 0 \end{cases} \quad (1-2)$$

第三种方法是数据转换法。该方法的宗旨是将环境污染作为一种典型的社会成本,它越小越好。为了减小"坏产出",需用-1去乘以该"坏产出"的向量。但是由于在 DEA 模型中,产出向量须为正,于是必须将一个相对较大的值置于变换之后的"坏产出"向量,以确保产出向量为正。在模型中,令 b^* 为变换后的"坏产出",则 $b^* = -b + \zeta$,其中 $\zeta = \max(b_i) + 1$,故 $b^* \geq 1$。模型如 1-3 所示:

$$\max\theta$$

$$\text{s.t.}\begin{cases} \sum_{j=1}^{n} \lambda_j x_{ij} \leq x_i^0, i=1,2,\cdots,m \\ \sum_{j=1}^{n} \lambda_j y_{rj} \geq \theta y_r^0, r=1,2,\cdots,s \\ \sum_{j=1}^{n} \lambda_j b_{rj}^* \leq \frac{1}{\theta} b_t^{*0}, t=1,2,\cdots,k \\ \sum_{j=1}^{n} \lambda_j \leq 1, \lambda_j \geq 0 \end{cases} \quad (1-3)$$

以上三种模型中 x、y、b 分别代表"投入""好产出""坏产出"。但是这三种方法都具有较大局限性。曲线测度评价法模型为非线性求解模型,能够达到既增加"好产出"又减少"坏产出"的双重目标,但是该方法求解过程复杂、准确性不高,因此没有得到普遍应用;将污染作为投入的方法,是将环境污染作为一种社会投入,行为人可在"好产出"不变的前提下,最大限度地减少包括环境污染在内的所有投入。但是通常无法判定哪部分投入是用于污染治理,哪部分投入是用于"好产出",因此该方法不能正确反映现实生产状况;数据转换处理法实现了投入不变的条件下,"好产出"最大和"坏产出"最小的双重目标,但是该方法只能在 BCC 模型中应用,在 CCR 模型中无法保持分类的一致性。为了弥补上述模型的不足,我们引出方向性距离函数,并在此基础上进行环境技术效率的测算。

2.方向性距离函数

方向性距离函数是测度环境技术效率的有效方法之一,该方法不仅能够有效避免以上几种方法的局限性,而且具有计算方法简单、测算效果良好的优点。早在 1953 年,谢波德(Shephard,1953)和马姆奎斯特(Malmquist,1953)分别提出了距离函数(Distence Function)的概念,反映生产单位的实际产出与生产前沿面之间的距离,其中,距离函数值越大,生产效率越低;反之,距离函数值越小,生产效率越高。在产出集 $M(x)$ 和投入集 $N(y)$ 的基础上,距离函数分为产出距离函数 $D_o(x,y)$ 和投入距离函数 $D_i(x,y)$,公式为:

$$D_o(x,y) = \min\{\delta : (y/\delta) \in M(x)\} \qquad (1-4)$$

$D_o(x,y)$ 反映的是投入水平给定的前提下,产出增长的幅度。当 $D_o(x,y) = 1$ 时,生产单位的技术水平处于前沿面上。

$$D_i(x,y) = \max\{\rho : (x/\rho) \in N(y)\} \qquad (1-5)$$

$D_i(x,y)$ 反映的是产出给定的前提下,投入减少的幅度。当 $D_i(x,y) = 1$ 时,生产单位的技术水平处于前沿面上。

距离函数的使用意义在于可通过定义多种指数(如 Malmquist 指数、技术效率指数)来测度效率,并可以通过多种方法(DEA 方法是主要方法之一)直接进行测量,进而直观地获得现有产出与生产前沿面之间效率的距离。法雷尔(Fare,2000)对距离函数进行了拓

展,提出、分析并证明了方向性距离函数的存在。假定技术集为 T,投入集为 $x = (x_1, \cdots, x_N) \in R_+^N$,产出集为 $y = (y_1, \cdots, y_M) \in R_+^N$,技术集 $T = \{(x, y) : x$ 能生产 $y\}$,其中技术集 T 具有闭集性和自由处置性等特性。自由处置是指如果 $(x, y) \in T, x' \geq x, y' \leq y$,则 $(x', y') \in T$。令 $g = (-g_x, g_y)$ 为方向集,技术集 T 的方向性距离函数被定义为:

$$\vec{D}_T = \vec{D}_T(x, y; -g_x, g_y) = \sup\{\beta : (x - \vec{D}_T g_x, y + \vec{D}_T g_y) \in T\} \quad (1-6)$$

方向性距离函数的现实意义在于寻求产出最大化与投入最小化的生产技术前沿面。图 1-3 描述了方向性距离函数,$g = (-g_x, g_y)$ 为方向集,沿着 $g = (-g_x, g_y)$ 的方向,投入—产出集合 (x, y) 在映射到生产技术前沿面的点表示为:$(x - \vec{D}_T g_x, y + \vec{D}_T g_y)$,此时,方向性距离函数可以表示为:$\vec{D}_T = \vec{D}_T(x, y; -g_x, g_y) \geq 0$,当且仅当 $(x, y) \in T$。这意味着,如果按照 $g = (-g_x, g_y)$ 的方向生产,就能够很好地达到产出最大和投入最小的技术前沿,这是每一个厂商所追求的最终目标。

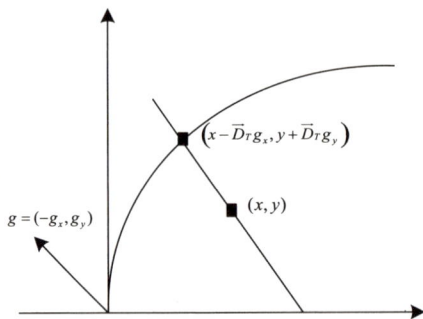

图 1-3 方向性距离函数

三、环境技术效率的影响因素

根据环境技术效率的含义,环境技术效率需要具备两大基本要素:一类是投入;一类是产出。其中投入主要包括人力资本、能源消费、固定资产;产出则包括前文提到的工业产值或工业增加值等"好产出"和代表环境污染的"坏产出"。所以生产过程是包含多种要素进行能量转化的过程,也是不同类产出此消彼长的过程。围绕这一基本内涵,国内外学者从不同角度对环境技术效率的影响因素进行了研究。

费谢尔等(Fisher-Vanden et al.,2004)利用 1997—1999 年中国大中型工业企业的面板数据采用 Divisia 分解方法计算了包括环境要素在内的能源环境强度。结果表明,中国环保节能成效主要受研发投入、企业所有制、能源价格等因素的影响。马和斯特恩(Ma 和 Stern,2006)采用 LMDI 技术方法对中国 1980—2003 年能源强度进行分解,发现技术进步对环境效率的提高具有显著影响。叶青等(Yeh etal.,2010)采用 2002—2007 年省际面板数据,以地区 GDP 作为"好产出",二氧化硫和二氧化碳的排放总量作为"坏产出",利用 DEA 方法计算了环境技术效率,分析比较了中国各省份及其与中国台湾全要素环境效率的差异,其中企业规模、技术效率、环保意识等因素对环境技术效率具有重大影响。

涂正革(2008)根据我国 30 个省份的面板数据计算了各地区的环境技术效率,从地区工业结构、科技因素、环境管制等方面考察了影响环境技术效率的因素,结果表明我国地区间环境技术效率存在差异,工业与环境的协调性极不平衡。李世祥和成金华(2008)以 1990—2006 年中国 13 个主要工业省份的数据,采用 DEA 方法计算了 13 省份的能源环境效率,结果显示,工业内部结构和技术进步是最重要的因素。胡鞍钢(2009)采用方向性距离函数的全要素生产率模型,对考虑环境因素的省级技术效率进行排名,结果表明,东部地区技术效率最高,中部地区次之,西部地区最低,其中经济增长方式是环境技术效率的重要影响因素。陈诗一(2010)采用方向性距离函数模拟并预测了 2009—2049 年产业层面的工业与环境双赢的前景,技术进步、产业结构等内部因素和金融危机等外部因素是影响

环境技术效率的主要原因。汪克亮等（2010）采用全要素方法，将环境污染作为能源利用的环境成本纳入研究框架，运用 2000—2007 年中国省际面板数据，采用 CCR—DEA 模型估算了 29 个省份的环境效率，指出能源消费结构、市场化水平、政府的干预程度对考虑环境效应的能源效率具有重要影响。

这些研究主要从产业结构、技术进步、企业规模、环保意识、政府干预等方面出发，研究环境技术效率的影响因素，忽视了空间集聚因素对环境技术效率的影响。

四、环境技术效率的相关假说

环境技术效率的实质是研究工业与环境是否协调发展的问题，现有文献对这一问题的研究，主要一般集中于"环境库兹涅茨假说""污染天堂假说"以及"发展阶段说"等假说中。这几个假说从表面上看是研究工业经济增长与环境污染之间关系的假说，比如"环境库兹涅茨假说"是分析环境污染与经济发展水平关系的假说、"污染天堂假说"是探讨污染转移地在促进工业增长的同时是否使产业承接地沦为污染避难所的假说、"发展阶段说"是研究工业化不同发展阶段内工业增长与环境污染之间关系的假说，但从本质上来说，这三种假说关注的仍然是工业产出与环境污染之间此消彼长之间的关系。

"环境库兹涅茨假说"即随着一国经济发展水平的提高，环境污染逐渐恶化，当经济发展达到一定水平之后，环境质量会逐步改善（Grossman 和 Krueger，1991）。近年来，国内外许多学者通过观察环境库兹涅茨曲线（EKC）深入了解经济增长与环境污染之间的关系。理论界采用不同的污染指标及采用不同的分析方法得出了不同的结论。以二氧化碳作为排放物的研究为例，学者们发现二氧化碳和人均 GDP 之间的关系呈"倒 U 型"曲线（Panayotou，1997；Galeotti，2006）、"N 型"曲线（Friedl 和 Getzner，2003）、单调递增（Sharfik，

1992)关系,甚至二者根本不相关(Lantz 和 Feng,2006)。

"污染天堂假说"是指国际贸易能够使生产和消费发生分离,因此环境规制较高的国家会倾向于进口污染密集型产品,而环境规制较低的国家会乐于出口污染密集型产品,从而环境规制较低的国家通过承接污染产业而成为"污染避难所"。遗憾的是,到目前为止,很少有足够的经验证据证实"污染避难所"的客观存在(Cole,2004;List 等,2004;Mongelli 等,2006;Dean 等,2009;李小平和卢现详,2010),他们认为产业转移是发展中国家参与国际垂直化分工程度显著增加的结果,发达国家转移的产业除了"污染型"产业还包括"干净型"产业和先进技术,这推动了产业结构趋向优化,在促进落后国家和地区经济增长的同时,没有带来资源、环境问题,从而不失为处理环境问题的好办法。

支持"发展阶段说"的学者认为,在国际节能减排压力下,中国的环境目标必须符合中国工业化中期阶段特征。目前,中国正在进行以承受较大的环境污染代价换取工业成就的"跛形"工业化,面临的资源、生态、环境承载力问题是其他工业化国家未曾遇到过的(金碚,2005)。事实上,环境问题是经济发展方式的结果,而这种经济发展方式又是特定发展阶段的产物(蔡昉,2008)。中国现阶段工业呈现高能耗和高排放特征,陈诗一(2009)认为中国需通过提高节能减排技术来实现工业的可持续发展。林伯强和刘稀颖(2010)从中国城市化工业化出发,认为制定有效的低碳转型政策必须以城市化这一发展阶段为起点,只有理解该阶段能源消费增长和能源需求刚性特征,才能在保证经济增长的前提下,谨慎选择节能减排与经济发展之间的平衡点。研究者从不同角度探讨工业化发展阶段的资源环境问题,试图提出符合中国国情的行之有效的节能减排政策。

与上述三种假说不同,波特"双赢假说"则直接表达环境技术效率的理念。波特的"双赢假说"理论认为,环境规制对环境及工业的协调发展具有促进作用(Porter,1991;Ambec 和 Barla,2002),其能促

25

使产业在增加"好产出"的同时,尽量减少"坏产出"。波特(Porter,1995)认为,政府限制某个行业遵守环境规制时,为一些企业带来直接成本的同时也会激发创新,进而推动技术进步并提高效率,这些创新可以部分或全部抵消规制的成本。一些学者支持了波特的观点,他们也认为环境规制终究会带来成本,这些成本将与社会收益互相抵消(Cerin,2006)。也有学者提出相反观点,他们通过实证分析认为严格的环境规制会使被规制企业的经济利润减少(Brannlund 等,1995;Gray 等,1995),提出了相反的论点。陈诗一(2010)采用方向性距离函数测度了中国工业各行业的环境技术效率,验证了"双赢假说"在中国的存在。

第三节　产业集聚与环境技术效率的关系

一、国外视角下产业集聚与环境技术效率的关系

在以往的研究中,与环境技术效率相关的研究得到了深入发展。赛尔登和宋(Selden 和 Song,1994)、塔赫沃宁和库卢瓦伊宁(Tahvonen 和 Kuuluvainen,1993)、科普兰和泰勒(Copeland 和 Taylor,1994;1995;2003)等学者深化并拓展了含有环境因素的新古典经济增长模型,他们将环境污染置于效用函数,分析经济增长过程中环境污染与工业发展之间的协调发展关系。约翰和派凯尼诺(John 和 Pecchenino,1994)采用世代交替模型分析了环境污染与工业经济发展之间关系的最优值。诸多学者采用环境与经济内生增长模型分析了环境污染与经济发展之间的关系,支持新古典理论模型中关于环境恶化与经济增长关系的研究结论(Lighart 和 Van der Ploeg,1994;Byrne,1997;Stokey,1998;Grimaud 和 Rouge,2003)。

关于产业集聚对环境技术效率影响的文献目前还很少见,相关文献大致分为以下三类:

　　第一类是研究产业集聚在污染天堂假说中作为主要因素存在。杰普森（Jeppesen，2002）等人从产业选址角度出发研究了污染天堂效应的存在，解释了不同环境规制严格程度与区域新企业选址的决定概率或泊松抵达率的变化趋势，研究结果支持了弱污染天堂效应。瓦格纳和蒂明斯等（Wagner 和 Timmins，2008）采用德国制造业的 FDI 面板数据检验污染天堂假说，把集聚因素考虑在内，并以化学工业为案例实证分析了污染天堂效应，文献首次在验证污染天堂假说时关心了产业集聚因素，度量了环境规制与集聚外部性对污染天堂假设的影响，是把产业集聚作为主要因素考虑在内的比较经典的实证文献之一。文献阐述了在实证分析中被忽视的产业集聚的问题，并证明了忽视集聚外部性会使污染天堂效应估计有偏。采用两国家—两部门空间经济模型检验了污染天堂假说的研究中，有学者认为制造业部门会产生跨边界污染，环境污染会降低外围地区跨部门的生产力，降低收入水平，实证分析表明制造业集聚能够缓解污染天堂效应。文献采用空间经济学模型验证了环境污染从中心向外围扩散的事实，并阐述了产业集聚对污染天堂的影响（Dao Zhi Zeng 和 Laixun Zhao，2009）。将产业集聚的因素考虑进污染天堂假说的研究，是将产业集聚与环境污染问题结合起来研究的有效尝试，考虑了产业分布因素对污染转移的影响能够从本质上理解污染问题的产生及防治。

　　第二类是考虑了环境因素对产业集聚的重要作用。特鲁内藤（Tohru Naito，2009）分析了由产业集聚引起的污染治理技术外溢对跨界污染的影响，他从中心—外围模型出发，假设如果运输费用低廉，那么当跨界污染数量很大的时候，污染治理的技术转移不能影响劳动力分布的长期均衡，这样技术转移的均衡也无法在短期内稳定，因此可以通过环境技术提高来促进产业集聚，污染治理技术转移对产业集聚的影响取决于跨界污染的数量，经济状况的优劣也决定了污染治理技术对产业集聚的作用，该研究实证分析了跨界污染中污

染治理技术外溢对产业集聚的影响。

第三类是研究集聚经济对环境的影响。早在 1987 年,布莱特(Braat,1987)就构建生态—经济模型,分析了工业规模扩大导致的大量环境问题;弗兰克(Frank,2001)通过对欧盟 200 个城市集聚区的环境污染数据进行实证分析,结果表明,产业集聚的规模化与城市的大气质量具有显著的相关性;沃赫夫(Verhoef,2002)通过空间平衡模型分析了产业与环境污染之间的关系,认为工业的不均衡分布导致了产业集聚区的环境污染。高群等(Qun Gao 等,2006)以武汉城市圈集聚为例,分析了由人口增加和产业发展导致的城市集聚对环境的根本影响。他认为,武汉城市圈发展已经落后于长三角地区而环境问题却相当严峻。通过对过去十年主要污染物曲线的分析,他发现环境污染与产业集聚之间存在着紧密的联系,结论表明环境政策与产业集聚是武汉城市圈可持续发展必不可少的两个因素。

综上,产业集聚对环境的影响一直受到学者的关注,从产业集聚角度研究环境问题是理解环境与经济协调发展的有效途径。但是系统而具体地分析产业集聚与环境技术效率之间关系的文献仍很鲜见。

二、国内视角下产业集聚与环境技术效率的关系

国内与环境技术效率相关文献主要集中于分析环境约束下的经济增长理论。彭水军和包群(2006)采用广义脉冲函数法与方差分解法实证分析了中国 6 类环境污染与人均 GDP 之间的长期影响关系,结果显示人均生活水平对各类污染都具有显著影响,相反,环境污染对经济增长的贡献度却较小。刘笑萍等(2009)运用污染排放与经济增长之间关系的离散模型,分析了中国工业化情况下二氧化碳的排放情况,旨在考察实现中国经济社会协调发展目标的合理性。林伯强和蒋竺均(2009)在预测二氧化碳排放的前提下,采用库兹涅茨模型对中国二氧化碳的库兹涅茨曲线拐点进行了测算,分析了二

氧化碳排放对经济增长的影响。王锋等（2010）研究了经济增长过程中二氧化碳排放量增加的驱动因素，解释了产业结构、技术进步、人口、收入等因素对二氧化碳排放与经济增长之间协调性的影响。陈友国（2010）基于投入产出结构分解法实证分析了经济增长方式变化对二氧化碳排放强度的影响，从产业结构的角度研究二氧化碳与经济增长协调发展的最优化程度。

国内与环境技术效率相关的文献也并不多，一般来说从以下两方面进行研究。

第一方面是认为产业集聚对环境具有负效应。工业特别是重工业的高速增长，必然对环境产生压力，工业化过程中粗放型的经济增长方式付出了巨大的资源、环境代价（金碚，2005）。人类集聚区域大规模工业生产带来的大量需求，使某些自然资源供应短缺，而在消耗资源的同时又带来了大量的环境污染（金碚，2009）。郑季良和邹平（2006）认为集聚可能会带来环境恶化、交通拥挤、成本增加等外部不经济，从而制约产业集聚的可持续发展。王发明（2008）阐述了随着集聚规模扩大，集聚地区所面临的资源环境问题愈加严峻的现实。蔺雪芹和方创琳（2008）在对国内外文献进行综述的基础上，提出产业集聚是造成土壤退化、土地价格升高、大气污染、水资源缺乏、生物多样性减少的主要因素，并认为从产业集聚角度对生态环境的作用机制和规律进行研究是未来的一个主要方向。冯薇（2006）研究了产业集聚与生态工业园建设之间的关系，提出了不同产业类型以及不同省区生态集聚发展对策，并认为高集聚度的产业集聚区域对能源和资源的需求量大，带来了土地资源和水资源紧缺、能源价格提升等问题。于峰和齐建国（2007）利用1990—2003年的面板数据对开放经济下的环境污染问题进行了分解，实证结果表明经济规模扩大恶化了环境。陈媛媛等（2010）从FDI产业前后向联系的角度分解了中国工业行业二氧化硫排放强度的影响因素，认为FDI带来的产业前向联系提高了清洁生产技术，但后向联系对环境技术影响为负。

第二个方面是认为产业集聚对环境具有正效应。唐德才（2009）从行业和省区两个层面，实证分析了在工业化进程中产业集聚对环境的影响，结果表明高新技术产业随着产业集聚度的提高对环境污染具有正效应，但资源密集型行业和劳动密集型行业给环境带来的压力是逐渐增大的。这也进一步说明，产业集聚在不同发展阶段对环境技术效率存在重要影响。王崇峰（2009）从生态学原理出发探讨了可持续发展产业集聚的模式，通过对生态城市可持续发展产业模式、支撑体系及运行机制的分析，提出了构建生态城市的思路，并实证分析了产业集聚与环境之间的关系，结果表明产业集聚对环境具有正作用，且能够加强对生态城市的建设，也验证了产业集聚对环境技术效率存在影响。康晓光（2005）等对产业进行了基于环境属性的类型划分，界定了六种不同产业的环境需求和环境压力（见表1-5），这六种产业类型分别是Ⅰ（低需求低污染）、Ⅱ（低需求中度污染污）、Ⅲ（低需求高污染）、Ⅳ（高需求高污染）、Ⅴ（高需求中污染）、Ⅵ（高需求低污染）。根据不同产业类型的环境污染状况，可以追溯不同类型产业集聚的环境污染特征对环境的不同影响，进而能够更好地挖掘产业集聚对环境技术效率的影响。

表1-5　基于环境需求和环境压力的产业类型划分

Ⅰ	Ⅱ	Ⅲ	Ⅳ	Ⅴ	Ⅵ
农林牧渔；建筑；批发零售贸易；餐饮食品饮料；低端社会服务	传统设备制造；印刷记录媒介复制；食品饮料；橡胶制品；金属制品；塑料制品；纺织业；皮革毛皮羽绒制造；服装及纤维制品；木材竹藤棕草；家具制造；文体用品制造；采掘业	黑色金属冶炼压延；化工原料化学制品；化学纤维制造业；造纸及纸制品；有色金属冶炼压延；非金属矿物制造	电力煤气水供应业；石油加工及炼焦业	电气机械及器材制造；电子及通信设备制造；医药制造；烟草制造	科学研究综合技术；教育文化广播电影；金融业；保险业；机关和社会团体；房地产；纺织业；交通运输邮电通信业；地质勘察水利管理；商业经纪代理业；信息咨询业；计算机应用；旅游业；卫生体育社会福利

资料来源：康晓光、马庆斌：《基于环境属性划分产业类型的全球城市体系环境演变研究》，《中国软科学》2005年第4期，第43—52页。

以上分析表明,我国工业化进程中的产业集聚对环境具有重要影响:一方面,产业集聚的生产扩大化及规模经济的确增加了资源的消耗,也产生了更多的环境污染,这是在产业没有集聚状态下不会产生的污染;另一方面,产业集聚自身对环境也是有正效应的,即产业集聚自身能够通过外部性实现减缓环境压力。以上综述可见,已有研究侧重于对产业集聚与生态环境因果关系的分析,忽视产业集聚与环境之间相互作用规律的分析;定性研究较多、定量分析较少;对产业集聚不同发展阶段、产业集聚对环境作用的机理均没有进行研究。本书在承认产业集聚对环境污染具有影响的前提下,实证检验产业集聚对环境与工业协调性的影响,并研究这种影响的机理,旨在对产业集聚的可持续发展实践及环境与工业协调发展的实践提供可能的指导。

本章紧紧围绕产业集聚与环境技术效率之间的关系这一中心问题进行了较为系统的综述。首先从产业集聚的内涵、生命周期理论、向心力与离心力理论、对生产率的影响等方面进行了文献回顾,为后续的研究提供了有力支持;再对环境技术效率的内涵、测算方法、影响因素、相关假说进行了深刻的文献回顾与剖析,为后文的研究奠定了坚实基础;最后从国内和国外两个维度对产业集聚影响环境技术效率的文献进行了梳理,找出研究不足,为问题的提出提供了深入洞见和重要切入点。总体来说,已有研究的视点还较为分散,缺乏一个统一的分析框架对产业集聚影响环境技术效率的事实及机制进行分析,因此也就难以形成有力的实证检验。如在产业集聚发展的不同阶段,环境污染程度存在怎样的差异? 产业集聚对环境污染是否存在影响? 产业集聚对环境技术效率的提高发生作用吗? 如果产业集聚对环境技术效率是发生作用的,那么这种作用的机制何在? 这一系列尚未被深入研究的话题为本书提供了可贵的创新空间,本书的落脚点也就在于弥补这些研究不足,从行业和省份两个方面就产业集聚影响环境技术效率及其影响机制进行深入分析,并对理论假说

进行实证检验。因此,在希望对现有理论研究进行拓展的同时,更希望据此形成一种客观的逻辑,对制定对策建议提供有力依据,为促进中国制造业与环境的协调发展提供有益启示。

第二章　产业集聚与环境技术效率：
典型事例与世界经验

　　第一章对本书的展开进行了高屋建瓴的统揽，也为本书后续研究奠定了理论基础。本章将通过对典型事例的分析和世界经验的总结，印证产业集聚与环境技术效率之间存在显著关系的基本事实。典型事例的引入，不仅促进了对现实中制造业集聚影响环境技术性效率的事实的思考，也是支持中国制造业集聚影响环境技术效率理论的经验总结。

　　本章分别选取德国鲁尔工业区、美国制造业和中国南庄陶瓷产业作为典型案例，来支持和印证制造业集聚影响环境技术效率的理论。选取这三个典型事例来研究是因为：首先，德国鲁尔工业区是德国工业化进程中工业发展迅速的典型区域，在它经历的三个典型时期内，工业区的钢铁和煤炭产业集聚对环境污染具有非常显著的影响，对正在经历工业化进程的中国来说，对研究产业集聚影响环境污染问题具有重要启示意义；其次，美国是目前世界上最发达的国家之一，但其在工业化过程中却带来了大量环境污染，甚至曾发生过重大污染案件，在这样的大背景下，我们关注的是发生在美国诸多大河流域的制造业集聚是如何带来环境污染，又是怎样影响环境技术效率的，这对研究我国制造业集聚的环境污染问题具有经验借鉴意义；最后，选取南庄陶瓷产业作为典型事例，是因为陶瓷产业作为中国的传

统产业,曾经带来大量的环境污染,并一度成为陶瓷产业可持续发展的瓶颈,但是在政府的引导下,陶瓷产业集聚通过转型升级减少了环境污染,实现了环境技术效率水平的提升,这对我国其他带来环境污染的制造业转型升级来说是一个可以借鉴的成功经验,为我国制造业集聚的可持续发展指明了清晰的方向。总体看来,这三个案例是从三个不同的角度印证同一个问题:制造业集聚曾带来了环境污染,也能够通过自身优势带来环境技术效率水平的提高。案例拟证明的观点是:产业集聚在生命周期的不同阶段均对环境技术效率产生重要影响。该论点也正是研究中国制造业集聚影响环境技术效率拟求证的目标。

本章首先以德国鲁尔区为例,考察鲁尔工业区在城长期、转型期、衰退期三个发展阶段的产业集聚情况及其发展特征,在此基础上分析产业集聚在整个生命周期是如何影响环境技术效率的。研究发现,鲁尔工业区的产业集聚与环境技术效率之间呈"N型"曲线关系,目前我国正处于工业化中期阶段和产业集聚中级阶段,该曲线关系对我国未来产业集聚的走向及政策选择具有重要的参考价值。其次以美国制造业为例,在分析美国制造业集聚向心力与离心力的产生的基础上,探讨美国产业区域专业化与环境污染之间的关系,进一步研究美国制造业集聚对环境技术效率的影响。再次以中国广东南庄陶瓷产业集聚转型升级为例,分析产业集聚发展到一定阶段对环境污染造成的影响,探讨南庄陶瓷产业集聚转型升级的主要做法,考察南庄陶瓷产业转出地与承接地的环境技术效率状况。最后以从一般到个别的方式归纳世界经验,拟对中国制造业集聚影响环境技术效率提供可借鉴的国际经验。研究表明,当产业集聚发展到成熟阶段以后,应审时度势地对其进行转型升级,以促进环境技术效率水平的提高,进而促进环境与工业的协调发展。

第一节 产业集聚的兴衰与环境
技术效率:鲁尔工业区

产业集聚是相互关联的产业或企业集聚在一起的存在形式,如同自然界中的生物体一样,它也存在生命周期。由于受到资源状况、地缘位置、产业结构、市场竞争、技术进步、环境变化等因素的影响,产业集聚通常经历产生——发展——成熟——衰退/转型升级四个阶段,且在不同发展阶段表现出不同的集聚特征。历史上,有的集聚具有顽强的生命力,能够长盛不衰;而另外一些集聚则可能只是昙花一现。但它们对区域经济和环境污染都存在或大或小的影响。一般来说,产业集聚的演进本质上就是集聚与资源、环境之间相互影响、相互博弈和共同演进的过程。那么怎样来寻找现实经济生活中的案例来佐证在生命周期内产业集聚对环境技术效率的影响呢? 鲁尔工业区的案例恰好为我们提供了一个绝好的案例。目前,中国正在经历着工业化进程,产业集聚处于中级阶段,集聚内的拥挤效应正逐渐显现,鲁尔工业区的案例为中国制造业集聚对环境技术效率的影响提供了"实验"机会,具有重要的借鉴意义。

一、鲁尔工业区产业集聚的历程及其环境污染

作为德国、欧洲乃至世界上最大的重工业区之一,鲁尔工业区是煤炭和钢铁工业的集聚地。根据产业集聚的生命周期理论,将鲁尔工业区的产业集聚生命周期分为三个阶段:成长期、衰退期和转型期(任保平,2007)。在不同的发展阶段,鲁尔工业区的产业经济增长及环境污染都表现出了不同的特征。

1.成长期(19世纪初—1958年)

自19世纪初,鲁尔工业区凭借其优越的资源禀赋条件,已经进

行了大规模的钢铁生产和煤矿开采,初步形成了由两条完整的产业链(见图2-1)构成的产业集聚,其中以钢铁和煤炭为产业链的核心节点产业,使钢铁集聚和煤炭集聚在德国工业经济发展中发挥了重大作用。

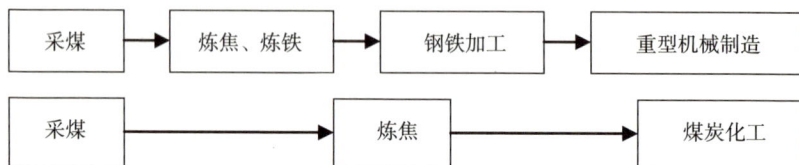

| 采煤 | → | 炼焦、炼铁 | → | 钢铁加工 | → | 重型机械制造 |

| 采煤 | → | 炼焦 | → | 煤炭化工 |

图2-1 鲁尔工业区内两条完整产业链

到了19世纪中期,鲁尔工业区已成为德国最大的钢铁基地、能源基地和重型机械制造基地,三大基地产值占整个工业区产值的3/5,以钢铁和采煤产业为核心,大力发展机械制造、化学、电力等重工业,形成了产业高度集聚的工业园区,各工业部门在不同区域进行专业化分工,发展迅速(见表2-1)。

表2-1 鲁尔工业区各行业集聚地的分布

部门分类	行业	集聚地区
老工业部门	钢铁	哈姆、哈根、多特蒙德、黑尔纳、波鸿、盖尔森基兴、埃森、米尔海姆、哈廷根、奥伯豪森、杜伊斯堡、莱茵豪森
	造船	波鸿
	纺织	雷克灵豪森、坎普林特福特
新工业部门	汽车	埃森、哈廷根
	电子、电器	哈姆、杜伊斯堡、韦瑟尔、埃森
	核工业	坎普林特福特
	石油加工、石油化学	卡斯特罗、黑尔纳、盖尔森基兴、博特罗普、奥伯豪森、杜伊斯堡、埃森
	高分子合成	多特蒙德

在这一时期,鲁尔工业区内钢铁产业集聚和煤炭开采业集聚程度

不断升高,表现为大量移民涌入、城镇规模增大、就业人数大幅度增加、企业数量增多、基础设施完善等,鲁尔工业区的发展欣欣向荣。虽然产业的迅速发展带来了鲁尔工业区的经济腾飞,但由于资源不断减少、规模经济带来大量污染排放、政府缺乏统一规划等原因,鲁尔工业区出现了地面沉降、河水污染、大气污染、森林植被遭到破坏等严重的生态和环境问题。所以,从总体看来,鲁尔工业区在这一阶段的特征是经济迅速发展、环境污染逐步恶化,为衰退期的到来埋下隐患。

2.衰退期(1958—1968年)

1958年,鲁尔工业区发生了煤业危机,预告其衰退期的开始,继而爆发的钢铁危机,使鲁尔工业区经济发展陷入困境,衰退期随之而来。导致鲁尔工业区经济衰退的原因很多,包括市场竞争力下降、区域资源优势的丧失、僵化的制度和企业文化等(陈涛,2009),而以钢铁和煤炭产业布局过于集中表现得最为明显。产业发生集聚的规律表明,资源优势是产业集聚的主要向心力之一,但这种向心力是一把双刃剑,既可能促使集聚的增强,又可能催生反集聚的离心力。鲁尔工业区是建立在煤炭和钢铁资源优势基础上的,产业布局基本集中于资源地,20世纪50年代,200多个炼钢炉和煤矿集中在鲁尔工业区的大城市,集聚程度不断升高。但是当拥挤效应产生后,环境污染、交通拥挤和基础设施滞后等社会矛盾逐步激化,尤其是环境污染表现得最为严重,鲁尔工业区曾一度煤渣满地、浓烟蔽日、河湖污浊(任保平,2007)。

这一时期,由于集聚度过高带来的工业区衰退主要表现为以下方面:首先,以煤炭和钢铁为主的单一产业结构导致了产业同构化现象严重,鲁尔工业区的经济水平逐年下降(见图2-2);其次,大量工人失业,人才流向斯图加特、法兰克福、巴伐利亚等地,就业率迅速下降、失业率急剧上升(见图2-3);再次,企业大量倒闭,1958—1971年,鲁尔工业区40%的矿井停业,经济效益明显下降;最后,能源紧缺严重,作为鲁尔工业区主要的一次能源,从1950—1972年煤炭消

耗比重从88%降为32.3%（李诚固，1996），石油、天然气和电力逐渐取代煤炭作为工业生产的动力。

（单位：%）

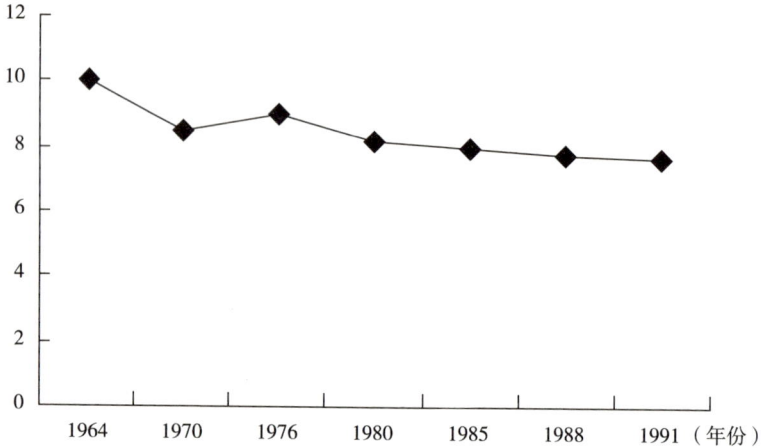

图2-2 鲁尔工业区GDP占德国GDP的比重

资料来源：Schrader M. Ruhrgebiet, "In: Elmar Kulke（Hrsg）: Wirts Chafts Geographie Klett Perthos", S. 1998, pp. 435-460。

38

（单位：%）

◆ 鲁尔工业区失业率　　■ 德国失业率
—— 鲁尔工业区工业就业率　　✕ 德国工业就业率

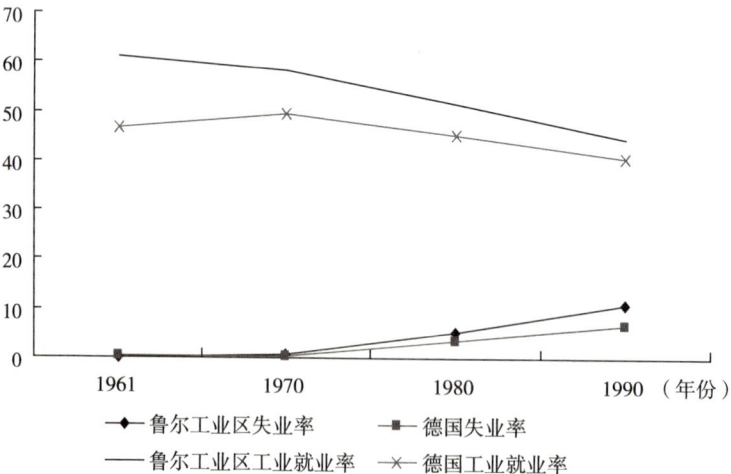

图2-3 鲁尔工业区工业就业比率和失业比率

资料来源：Schrader M. Ruhrgebiet, "In: Elmar Kulke（Hrsg）: Wirts Chafts Geographie Klett Perthos", S. 1998, pp. 435-460。

3.转型期(1968 年至今)

鲁尔工业区的转型升级分为两个时期:第一个时期是 1968—1980 年的再工业化产业结构调整阶段;第二个时期是 1980 年至今的新型工业化结构调整阶段。在转型升级的第一个时期,鲁尔工业区对原有产业进行了布局调整,煤炭集聚中心从南向北转移,从中心向外围转移;钢铁产业集聚则从东西布局改为南北布局,突破了原来依赖资源地集聚的束缚。这一时期的转型升级并没有取得良好的效果,煤炭和钢铁产业的产量增幅不大(见图 2-4、图 2-5),环境污染状况没有得到良好的改善。在转型升级的第二个时期,鲁尔区以新型工业化为主题进行了产业结构的调整,在原有传统产业的基础上大力发展高新技术产业,将新材料、信息技术、环保、医药等产业作为发展重点,电子、服装、物流、汽车等产业也得到了良好的发展,形成了多样化集聚。这一时期的环境质量得到了改善,除了政府部门加强环境规制、植树造林以外,技术创新也起到了至关重要的作用。在这一发展阶段,企业大都开始使用无污染技术,环保技术产业也发展起来,如煤炭和钢铁企业在集聚内相互合作,共同寻求零污染控制

39

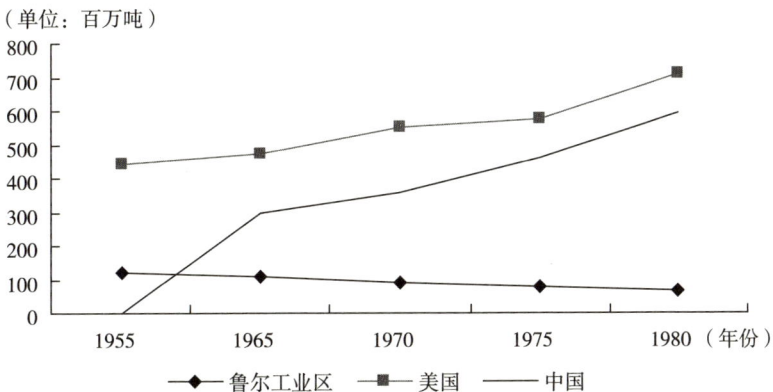

图 2-4　鲁尔工业区及中美煤炭开采情况

资料来源:Schrader M. Ruhrgebiet, "In: Elmar Kulke(Hrsg): Wirts Chafts Geographie Klett Perthos",S. 1998,pp.543-576。

（单位：百万吨）

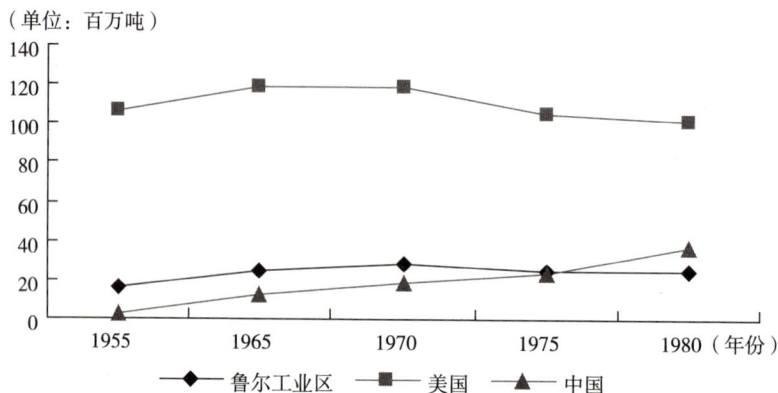

图 2-5　鲁尔工业区钢铁生产情况

资料来源：Schrader M. Ruhrgebiet, "In: Elmar Kulke（Hrsg）: Wirts Chafts Geographie Klett Perthos", S. 1998, pp. 543-576。

法；同时还采用诸多专业技术来控制环境污染，目前鲁尔工业区已成为德国环保技术开发研究中心，创造了十余万人的就业岗位，高新技术环保产品的出口额占德国出口总额的 20% 以上（陈涛，2009）。

二、鲁尔工业区产业集聚对环境技术效率的影响

本书的分析框架揭示，在产业集聚生命周期的不同发展阶段，集聚具有不同的环境污染特征，从而对环境技术效率产生不同的影响。在上述分析鲁尔工业区产业集聚三个发展阶段及其环境污染特征的基础上，利用艾尔弗雷德和维托·托斯卡纳（Alfred Lotka 和 Vito Volterra）提出的种群成长动态模型分析鲁尔工业区产业集聚在不同发展期对环境技术效率的影响。

在鲁尔工业区产生初期，集聚内存在由若干规模均等、特征类似的煤矿和钢铁企业构成，该类企业群的成长率如公式（2-1）所示：

$$\frac{\mathrm{d}N}{\mathrm{d}t} = \sigma_N = \lambda_N - \upsilon_N \tag{2-1}$$

其中，σ_N 为集聚规模为 N 时的集聚成长率，N 为集聚内企业的数量,λ_N 为集聚规模为 N 时的企业出生率,υ_N 为集聚规模为 N 时的企业死亡率。若集聚区域内钢铁和煤矿资源及环境资源无限,λ_N 和 υ_N 为常数,则该产业集聚的成长模型是一个指数增长曲线:$N = N_0 e^{\rho_N t}$。但现实中,钢铁和煤矿资源属于不可再生资源,且环境的承载能力也是有限的,因此,集聚内煤炭企业和钢铁企业的出生率和死亡率会随着集聚度的变化而变化。假设集聚企业的出生率和死亡率随着集聚规模呈线性变化,那么:

$$\lambda_N = a_0 - a_1 N, \qquad a_0 > 0, a_1 > 0 \qquad (2-2)$$

$$\upsilon_N = b_0 - b_1 N, \qquad b_0 > 0, b_1 > 0 \qquad (2-3)$$

$$\frac{\mathrm{d}N_2}{\mathrm{d}t} = r_2 N_2 \left(1 - \frac{a_{12}N_1 + N_2}{K_2}\right) \qquad (2-4)$$

$$r = a_0 - b_0, K = \frac{a_0 - b_0}{a_1 + b_1}, \qquad a_0 > b_0 \qquad (2-5)$$

在上述公式中,r 为内在成长率,K 为集聚的负载容量。当 N 越

小时,$\frac{\mathrm{d}N}{\mathrm{d}t}$ 越倾向于等于 r,此时产业集聚规模小,对环境和资源压力

不大,企业群的成长不会受到环境和资源的限制。根据该原理,鲁尔工业区的产业集聚在发展初期,由于集聚规模带来的经济效益大于环境污染成本,且环境污染在可承受范围内,此时集聚就促进了环境

技术效率的提高。当集聚规模由 N 增加到 K 时,$\frac{\mathrm{d}N}{\mathrm{d}t} = 0$ 表明产业集

聚的规模已经达到了饱和状态,集聚对环境的正效应达到最大化。在鲁尔工业区集聚发展的第二阶段,鲁尔工业区内的煤矿和钢铁厂规模 N 持续增大,当达到比环境承载容量 K 还大时,集聚内的企业数量便超过了资源、环境的承载力,拥挤效应产生,集聚出现负增长,环境技术效率降低。所以,到了集聚发展的第三阶段,鲁尔工业区政府锐意改革,减少钢铁和煤矿企业数量,发展与其相关的上下游新兴产业,延长产业链,同时通过技术创新遏制环境污染的大量产生,提

高环境规制标准,最终使环境技术效率迅速提高。

基于以上分析,鲁尔工业区产业集聚与环境技术效率之间的关系如图2-6所示。在产业集聚的成长期,由于生产总量增加、环境污染在可承载范围内,所以环境技术效率逐渐升高;在产业集聚的衰退期,拥挤效应导致环境污染严重、资源紧缺、生产总量下降,环境技术效率下降甚至出现负增长;在产业集聚的转型期,通过环保技术的使用及环境规制的强化,环境污染得到有效改善;多样化集聚的产生使生产效益大大增加,极大地提高了环境技术效率。

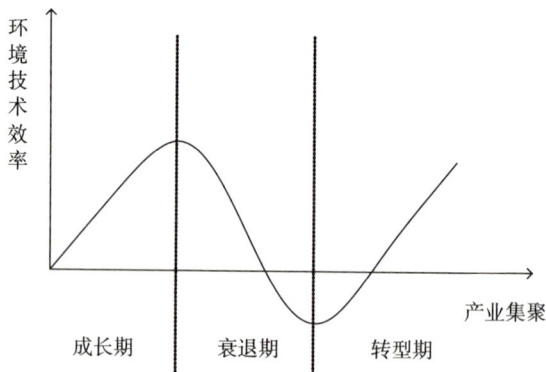

图2-6 鲁尔工业区产业集聚与环境技术效率

第二节 产业区域专业化与环境
技术效率:美国制造业

美国是最早进行产业革命的国家之一,也是最早饱受环境污染之苦的国家之一。20世纪60—70年代风起云涌的全球环保浪潮就是从美国西海岸掀起的,它很快席卷了整个北美大陆。1970年4月22日,美国2000多万人上街要求政府保护环境、重视污染,极大推动了环保行动。四十余年过去了,人类环保行动在若干工业化国家取得了很大进展,但是发展中国家的污染问题仍是制约经济发展的瓶颈,因此,美国的经验教训对中国是有益的借鉴。

克鲁格曼(2000)认为,经济地理学的任何有趣模型必须反映两种力量——使经济活动聚集在一起的向心力和打破这种集聚的离心力之间的较量。产业集聚通过集聚优势吸引了资源的大量集中,这种集聚优势可以简单地被视为集聚的向心力。然而,产业集聚不是任意和无限的,发展到一定程度会出现拥挤效应、环境污染等离心力,从而使集聚走向分散或消亡。这里,我们从向心力与离心力的视角出发,对美国产业区域专业化及其带来的环境污染问题进行分析,试图发现美国产业集聚对环境技术效率是否存在影响,从而得出对中国有益的经验启示。

一、美国制造业集聚的向心力与离心力

早在 19 世纪前叶,美国制造业中心在大西洋中部沿海地区和东北部的新英格兰地区产生了,纺织、橡胶、皮革制品、仪器等行业发展迅速,形成了传统制造业集聚中心。1880 年之后,制造业集聚中心开始向中西部转移,食品、烟草服装、家具等行业的集聚特征明显,极大地促进了区域经济的迅速发展。

制造业集聚具有规模经济效应,一旦某个行业在某区域形成优势,就会通过累积循环机制使集聚效应加强,从而实现以该行业为中心,其他相关产业成为其上下游产业链的集聚地,优势产业通过集聚优势吸引大量资金、劳动力、技术,形成具有规模经济优势的集聚向心力。由图 2-7 和图 2-8 可知,从 19 世纪 60 年代至 20 世纪 20 年代,美国制造业集聚度不断上升,这是丰富的自然资源、便捷的交通运输条件和廉价的劳动力等向心力吸引了大量资本和迁移人口向制造业中心聚集的结果,极大促进了制造业集聚地的繁荣。但是从 20 世纪 20 年代至 90 年代,美国环境污染问题日趋严重,制造业集聚的离心力产生,阻碍了制造业的健康、快速发展。同时,公民对环保需

求日益增加,为了缓解公众压力,政府针对制造业的环境污染问题颁布了一系列法律法规,如 1920 年颁布《矿山租赁法》,对联邦的采矿业进行管制;1963 年颁布《清洁空气法》,对大气污染指标进行了严格的规定;1965 年颁布《水质法》,对水污染进行管制;1980 年颁布《综合环境响应、补偿与责任法》,为废弃有毒废物的清理提供了法律依据。对环境污染治理力度的加强,为经济增长速度趋向减弱的美国制造业带来另一个冲击,使集聚度不断下降,制造业集聚出现分散态势(见图 2-9)。

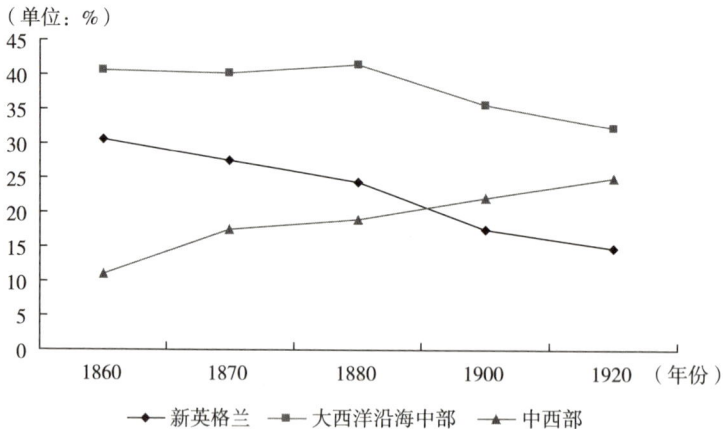

图 2-7　美国制造业就业人数比重变化

图 2-9 可以得知,1860—1987 年,美国的制造业集聚基本经历了一个"倒 U 型"的集聚生命周期。使制造业集聚产生和发展的原因包括集聚外部性优势的产生、规模效益的扩大、基础设施的完善等,导致产业集聚度下降的离心力因素包括环境污染、企业规模无限扩大、对资源依赖度减弱等,其中以拥挤效应带来的环境污染最为突出。

二、美国产业区域专业化与环境污染

随着美国工业化和城市化进程的推进,迅速发展的工业城市很

（单位：%）

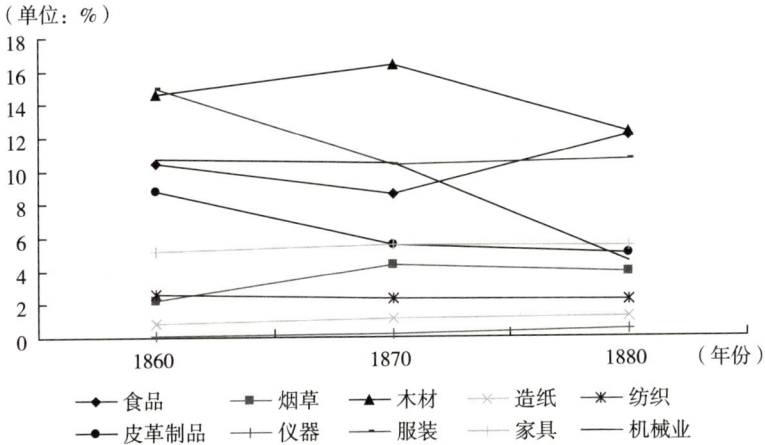

图 2-8 美国中西部地区制造业行业就业分布

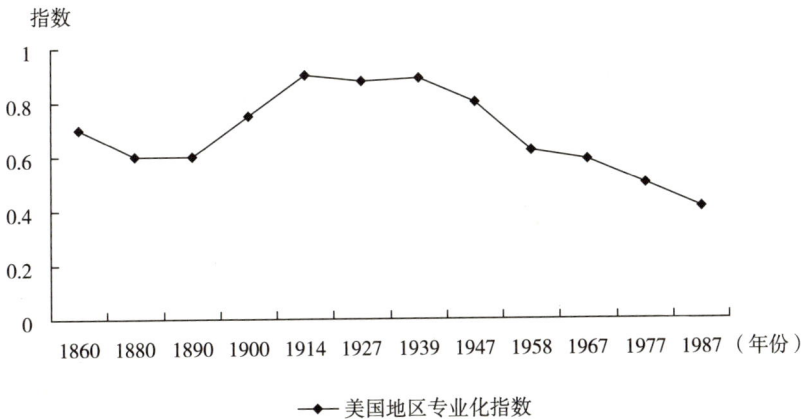

图 2-9 1860—1987 年美国地区专业化指数

资料来源：Kim，S.，"Regions，Resources and Economic Geography：Sources of U.S. Regional Comparative Advantage，1880 - 1987"，*Regional Science and Urban Economics*，Vol. 29，No. 1，1999，pp. 1-32。

快集中了大量企业、人口、建筑，创造了令人称赞的物质财富。但是，集聚效应在带来经济繁荣的同时也产生了拥挤效应，带来大量环境污染，主要表现为"三废"污染。

美国的许多制造业集聚均处于河流沿岸，如辛辛那提的制造业

企业多建在俄亥俄河沿岸,匹兹堡的制造业多集聚在蒙农格亥拉河附近,圣路易斯的制造业则集中在密西西比河和密苏里河的交汇处,大量工业废水倾注到河流,使河水遭到严重污染,19世纪后期,新泽西帕萨里克河的河水污染死亡事件是当时河水污染的典型。据统计,1968年,美国河水中的污染物有80%来自工业(Ellics,1976)。表2-2列出了美国各州废水排放排名前10位的州,其中污水排放最严重的州多处于东部地区和中西部地区,水综合污染最重的地区分别为佛罗里达州、印第安纳州和西弗吉尼亚州,这些州以制造业为主,生产过程中带来的废物没有经过专业化处理便倾入河水,导致这些地方的水污染非常严重。

表2-2　1988年美国废水排放排名前10位的州

排名	江河与溪流受污染比例(%)		湖泊和水库受污染比例(%)		水质污染综合评分	
1	爱荷华州	66.6	蒙大拿州	47.9	佛罗里达州	830
2	西弗吉尼亚州	80	—	—	印第安纳州	805
3	新泽西州	71.2	康涅狄格州	57.1	西弗吉尼亚州	807
4	俄亥俄州	68	俄亥俄州	65.9	田纳西州	805
5	弗吉尼亚州	65.7	爱荷华州	66.6	伊利诺伊州	800
6	明尼苏达州	65	佛罗里达州	67.3	俄亥俄州	791
7	俄克拉荷马州	64.3	—	—	路易斯安那州	774
8	南达科他州	63	威斯康星州	74.4	堪萨斯州	731
9	阿肯色州	58.3	伊利诺伊州	87.5	弗吉尼亚州	720
10	马萨诸塞州	56.7	西弗吉尼亚州	100	阿肯色州	711

资料来源:Bob Hall and Mary Lee Kerr, *Green Index: A State-by-State Guide to the Nation's Environmental Health*, Island Press, 1991, p. 117。

美国是个煤炭资源较为丰富的国家,在俄亥俄州、宾夕法尼亚州、田纳西州等八个州内有18万平方千米的煤田,1900年,煤炭产量高达2.54亿吨,荣居世界榜首,为制造业集聚提供了优越的一次能源基础。而这种以煤炭为主的一次能源结构决定了污染排放的逐渐增多必然使环境污染更加恶化,燃烧未完全的煤炭产生大量粉尘、煤烟等废弃物,1900 年,圣路易斯大约消费 400 万吨煤炭,曾与匹兹堡一样被称为"烟雾之城";20 世纪初,芝加哥、辛辛那提等城市的大气污染也极为严重,有资料记载,在这些城市中工厂生产时排放的煤气化为黑雾直冲云霄(吉尔伯特·菲特,1980)。1988 年美国废气排放排名前 10 位的州的各指标见表 2-3,数据显示,人均二氧化硫和二氧化碳排放量最大的州分别是西弗吉尼亚州和怀俄明州,空气综合质量最差的是印第安纳州。以印第安纳州为例,该州包括四十多个镇,工业非常发达,以家具产业集聚为主;在印第安纳州的西北方拥有长达 72 公里的密执安湖岸,遍布钢铁、炼油及机械工厂,这些重工业的发展,促进了州经济的迅速发展,同时也消耗了大量的煤炭资源,使大气环境遭到严重破坏。

表 2-3　1988 年美国废气排放排名前 10 位的州

排名	人均二氧化硫排放量(磅)		人均二氧化碳排放物(吨)		空气综合质量评分	
1	西弗吉尼亚州	1041.6	怀俄明州	93.9	印第安纳州	679
2	印第安纳州	538.9	北达科他州	45.5	俄亥俄州	666
3	北达科他州	491.8	西弗吉尼亚州	43.9	田纳西州	642
4	肯塔基州	434.1	蒙大拿州	23.9	亚拉巴马州	60.04
5	俄亥俄州	421	肯塔基州	21.5	宾夕法尼亚州	590
6	怀俄明州	375.8	内华达州	19.9	西弗吉尼亚州	45
7	密苏里州	354.8	新墨西哥州	19.3	北卡罗来纳州	574
8	田纳西州	348.1	犹他州	18	马萨诸塞州	568
9	乔治亚州	282.2	印第安纳州	17.1	乔治亚州	551
10	艾奥瓦州	266.7	艾奥瓦州	13.7	伊利诺伊州	545

资料来源:Bob Hall and Mary Lee Kerr, *Green Index: A State-by-State Guide to the Nation's Environmental Health*, Island Press, 1991, p. 156。

此外,美国当时的固体废弃物污染也极其严重。由于缺乏统一污染治理规划,工厂将炉渣、煤灰、废金属、工业废料全部置于地上,

即便是集中运出工业区后,仍是将垃圾倾倒在空地、河里、海里,不仅使城市环境污浊不堪,又再次污染了水源。同时,制造业集聚吸引了大量人口聚集在城市,城市人口的增加使生活垃圾迅速增多,如纽约在 1916 年每个居民生产 1625 磅生活垃圾,全市共回收的固体垃圾约 487451 吨。1978 年,纽约拉芙运河附近居民因已经废弃的拉芙运河是化学废物的堆放场而纷纷迁走,并要求政府对其进行应有赔偿。表 2-4 列出了美国城市固体废弃物产生数量排名前 6 名的州,其中排放量最大的州为马里兰州,在该州西部有食品加工、交通器材、电器等产业集聚,在巴尔的摩则有飞机厂和造船厂等工业基地,工业的快速发展使固体废弃物排放量巨大。综合指数代表的废弃物污染最重的是伊利诺伊州,其中芝加哥是该州的主要工业集聚地,目前,芝加哥已是全美国最大的钢铁工业中心,机械工业、电机、汽车等产业也形成了集聚规模,对煤炭等一次能源的过度依赖及固体废弃物的大量排放,使伊利诺伊州在经济稳步增长的同时也严重破坏了环境。

表 2-4 1987 年美国固体废弃物排放排名前 6 位的州

排名	城市固体废弃物的产生			30 种废弃物综合指数	
	州名	百万吨	人均生产量(磅)	州名	得分
1	马里兰州	7.2	3068	伊利诺伊州	1075
2	加利福尼亚州	44	3028	田纳西州	1050
3	弗吉尼亚州	9	2592	得克萨斯州	1029
4	西弗吉尼亚州	2.5	2693	俄亥俄州	1003
5	伊利诺伊州	15	2573	密歇根州	985
6	俄亥俄州	13.9	2549	南卡罗来纳州	961

资料来源:Bob Hall and Mary Lee Kerr, *Green Index: A State-by-State Guide to the Nation's Environmental Health*, Island Press, 1991, p. 158。

从以上分析可知,产业集聚虽然通过规模经济促进了经济的繁荣增长,但是拥挤效应的产生也带来了大量的环境污染,使产业集聚的离心力产生。尤其是从 20 世纪初开始,产业集聚度呈下降趋势,而此时的环境污染也开始逐步恶化,可以预测产业集聚程度与环境污染存在着密不可分的关系。

三、美国制造业集聚与环境技术效率

在工业化进程向前推进、产业集聚程度不断升高的过程中,生态破坏和污染产生是不可避免的。我们关注的是,制造业集聚是否在工业化生产过程中影响了美国环境与工业的协调发展。

从图 2-9 得知,美国地区的专业化程度呈"倒 U 型"曲线,20 世纪 20 年代之前产业集聚处于上升阶段;30 年代开始,产业集聚迅速下降。1860—1914 年,美国工业内部结构优化升级,轻工业比重下降,重工业比重上升,这极大地促进了以重工业为主的产业集聚的形成和发展。在这一时期,美国主要制造业集中在以华盛顿到波士顿为东线、以芝加哥为西线的区域内,专业化分工和规模经济使经济增长迅速,尤其是钢铁等重工业的发展带来了经济繁荣。但是,工业消耗了大量的煤炭等资源,如 1911—1933 年,芝加哥对燃料使用数量增长了一倍,带来了包括废水、废气、固体废弃物等各种污染,生态环境也遭到严重破坏。由于数据的缺乏,我们无从准确推算这一时期的环境技术效率是否得到提高,但是可以肯定的是产业集聚的迅速增长的确带来了大量的环境污染,影响了美国环境与工业的协调发展。

从 20 世纪 30 年代到 80 年代末,美国产业集聚开始呈现下降趋势,尤其是 60 年代到 80 年代末集聚的扩散趋势更加明显。在此时期,经济总量和环境污染总量都在不断上升,数据显示,1961—1969年,美国国内生产总值增长了 4122 亿美元;与此同时,煤烟使匹兹堡因空气混浊而闻名,田纳西首府纳什维尔因大气污染被称作"烟雾乔易",1969 年 6 月伊利湖的克亚霍加河因严重污染而突然失火,烧毁了河上的一座桥梁。然而这一时期能源效率却展示了两种相反的

结论,即在 1960—1975 年间,能源消耗增长率持续上升;1975—1987年,能源消耗出现下降,甚至出现了负增长,见表 2-5。

表 2-5　1960—1987 年美国能源消耗增长率

排名	州名	1960—1975 年(%)	1975—1987 年(%)
1	阿拉斯加州	141.7	39.6
2	密西西比州	95.3	-17.3
3	乔治亚州	85.7	5.2
4	怀俄明州	80.2	-0.7
5	阿肯色州	70.2	-19.3
6	爱达荷州	68.5	-25
7	夏威夷州	67.8	-15.2
8	内布拉斯加州	64.3	-12.2
9	亚拉巴马州	63.4	-7
10	路易斯安那州	61.8	4.9

资料来源:Bob Hall and Mary Lee Kerr, *Green Index: A State-by-State Guide to the Nation's Environmental Health*, Island Press, 1991, p.123。

　　表 2-5 选取 1960—1987 年美国能源消耗增长率最快的前 10 个州作为样本。总体上看,1975 年以前各州的能源消耗增长率很高,阿拉斯加州高达 141.7%,排名第一位,排在第十位的路易斯安那州的能源消耗增长率也达到 61.8%,此时虽然各州的产业集聚程度已经开始出现下降,但是能源消耗水平高居不下,说明产业集聚由区域专业化向多样化集聚过程中,能源消耗水平高、效率低下。1975 年以后,密西西比州、怀俄明州、阿肯色州、爱达荷州、夏威夷州、内布拉斯加州和亚拉巴马州的能源消耗增长率均为负数,密西西比州从1975 年前的 95.3%下降到 1975 年后的-17.3%,这表明,产业集聚度的降低使产业规模减小,加之新能源代替煤炭等一次能源的使用、新技术的使用与推广都极大地促进了能源效率的提高。

　　由以上分析可知,产业集聚对能源效率产生了重大影响。环境技术是寻求既达到产出增长又实现污染最少的最佳组合,它衡量了在前沿环境技术水平下,生产效率的大小程度,因此,能源效率水平在一定程度上反映了环境技术效率水平的大小。由此可以推断,在产业集聚发展的不同阶段,其对美国环境技术效率存在着重大影响。

第三节 产业集聚转型升级与环境技术效率:南庄陶瓷业

除了国际上产业集聚对环境技术效率影响的典型事实为我国提供了有价值的经验外,我国东部沿海地区的一些产业集聚也先试先行,通过产业集聚的转型升级促进环境技术效率的提高,南庄陶瓷产业的转型升级就是典型事例。

南庄位于中国广东省佛山市禅城区,以陶瓷工业立镇,2011 年陶瓷产业产量占全国陶瓷产量的 1/4、全球的 1/8,被誉为"中国建陶第一镇"。但是,长期粗放型生产方式也给南庄的生态环境带来巨大的影响,成为以尘土、灰霾为特征的污染型产业集聚地。众所周知,陶瓷产业是高污染、高消耗的传统制造业,据 2004 年佛山禅城区环保部门对 37 家陶瓷企业进行环境监测结果,南庄环境污染严重超标,见表 2-6。

表 2-6 2004 年南庄陶瓷环境污染、资源消耗与工业增长

相关指标	单位	陶瓷产业	禅城区	占百分比(%)
工业窑炉数	台	530958	3342845	16
工业用水总量	吨	27596951	124189400	22
燃煤消耗量	吨	171812	636100	27
燃油消耗量	吨	446862	1331500	34
烟尘排放量	吨	44.2	293.7	15

相关指标	单位	陶瓷产业	禅城区	占百分比(%)
二氧化硫排放量	吨	842.4	3540.3	24
工业粉尘排放量	吨	125.4	125.4	100
工业固体排放量	吨	2993	4500	67
工业总产值	万元	530958	3342845	16

资料来源:李松志:《鄱阳湖生态经济区县域经济类型划分及其产业政策探讨》,《经济地理》2009第11期,第1891—1893页。

从2006年开始,南庄开始进行产业集聚的转型升级,积极推进"两转型一改造"(即产业转型、城市转型和环境改造),对集聚内75家陶瓷企业按照"关闭一批、保留一批、提升一批"的理念进行分类整治,淘汰低端陶瓷制造业,引进发展高端陶瓷制造业和现代陶瓷服务业,积极培育光电、新材料和旅游度假、体育休闲、文化娱乐、数码动漫等新兴产业,实现了从高能耗、高污染、高投入的发展方式向低碳、资源节约型、环境友好型发展方式的转变,从污染重镇向宜居新城的转变,从工业文明向生态文明的历史性转变。南庄陶瓷产业集聚转型升级的成功使南庄镇的产业结构得到优化、生态环境得到改善,实现了产业发展与环境的协调统一,对我国产业集聚与环境的协调发展具有重要的启示作用。

一、南庄陶瓷产业集聚转型升级三步走

20世纪80年代末,南庄镇把握全国大规模基建需要大量陶瓷产品的机遇,大力发展建筑陶瓷产业,并迅速得到发展,初步形成了陶瓷产业集聚。90年代,南庄镇积极开拓市场,扩大生产规模,建筑陶瓷企业的数量猛增,并衍生出包括燃料供应、运输、销售、贸易、维修、设计等配套产业,陶瓷产业集聚得到强化。但是,大规模的陶瓷生产对南庄镇的生态环境造成了严重的危害。2006年,佛山陶瓷行业排放SO_2气体189万吨,占全市SO_2排放总量的13%(何静,2009),

随处可见粉尘飞扬，空气污浊不堪。于是，环境污染已经成为南庄镇可持续发展的瓶颈，陶瓷产业集聚转型升级迫在眉睫。为此，南庄镇采取了分类整治方法进行转型升级，即实施"淘汰一批、保留一批、升级一批"三步走战略。

第一步，淘汰污染严重、产能低下的低端陶瓷产业。波特的竞争理论认为，随着产业集聚度的提高，市场会对集聚内产业优胜劣汰，使竞争力较强、具有发展潜力的产业留下，淘汰掉技术水平低、管理水平低、经济实力差的产业。南庄陶瓷产业经过近二十年的发展，产生了产业同构化严重、对环境污染大、拥挤效应使资源紧缺等弊端，在政府的支持下，南庄对全镇 75 家陶瓷企业确定关、停、转移共 62 家，占企业总数的 83%。合计关停窑炉 228 条、生产线 201 条、喷雾塔 231 个，涉及资产 58.2 亿元，腾出土地 5500 亩。大量陶瓷企业的关迁，使南庄暂时失去了超过 70 亿元的工业产值、近 2 亿元的税收，劳动力减少了 2 万多人，为陶瓷产业经济增长方式的转变和转型升级提供了广阔空间。

第二步，对保留下来的陶瓷产业进行优化升级。针对南庄陶瓷产业环境污染严重、专业化程度过高、品牌效应不强等问题，南庄采取了一系列的转型升级措施：一是对剩下 13 家企业进行清洁改造，开发高新陶瓷、特种陶瓷、个性陶瓷、高档洁具等高端陶瓷制造业；二是鼓励新中源、冠珠、萨米特、能强、强辉、金舵等一批有实力、有技术、有品牌的本土陶瓷企业向外全国布局，将企业总部、销售中心、采购中心和研发平台留在南庄；三是发挥南庄陶瓷这一区域品牌的号召力，吸引博德、兴辉、欧文莱等国内数百家陶瓷品牌企业以及世界第二大陶瓷制造商 RAK（哈伊马角）等知名外国品牌来南庄设立销售中心。转型升级后的南庄重塑了生态环境，实现了产业、生态、城市的和谐发展。

第三步，将南庄淘汰产业进行产业转移和升级。目前，南庄陶瓷企业已在广东省的河源、肇庆、云浮、清远、江门以及四川、湖北、江西

等地建立新的产业集聚地。到 2009 年年底,南庄陶瓷通过 200 亿元的投资在省内外各地共投资企业达 100 多家,取得了良好收益。新中源集团就是很好的例子。在陶瓷产业转移过程中,新明珠集团把下属 2 家生产厂搬迁到肇庆、江西等地,设立高科技陶瓷产业园,年产值由原来的几千万元增加到超 30 亿元,2009 年集团产值和销售额均实现 20% 左右的增长。

二、南庄陶瓷产业转出地的环境技术效率

南庄陶瓷产业集聚的转移与扩散对转出地的经济、环境产生了巨大影响。从经济增长角度看,虽然南庄陶瓷产业的转出使陶瓷产业在全国范围内的集聚度大大降低,在短期内减少了工业总产值,但是其创造的利润下降幅度仍在可以承受的范围内。据 2011 年南庄调研数据,2006 年南庄陶瓷行业企业数是 75 家,工业产值 117 亿元,实现税收 2.6 亿元;2010 年陶瓷企业为 13 家,工业产值为 128 亿元,税收达到 2.8 亿元。2010 年南庄人均生产总值为 13.45 万元/人,比 2006 年多出 5.43 万元/人。

从环境改善的角度看,南庄镇政府根据陶瓷产业集聚的环境优势,对留下的 13 家陶瓷产业进行了大力度的污染治理,加强环境规制,实行循环经济,新建南庄大气监测点。2010 年,转出地的企业全部通过了广东省的清洁生产审核,多家企业成为循环经济试点单位,其中省级的资源综合利用龙头企业 1 家,资源综合利用企业 1 家,区级的循环经济试点企业 6 家。2010 年 11 月监测数据显示,南庄二氧化硫、可吸入颗粒物的日均值比 2009 年同比分别降低 37.3%、38.9%,"十一五"期间南庄单位能耗指标共下降 37.2%,超额完成上级下达的 25% 的目标。至此,南庄陶瓷产业基本实现了废水和废气零排放、废浆渣循环再利用的目标,南庄的空气环境明显改善。

现实中,环境技术效率反映了工业与环境协调发展的基本内涵,工业与环境协调发展的核心就是环境技术效率的提高。理论上,环

境技术效率水平从高至低可以分为几种情况:一是工业增长、环境改善;二是工业持续增长,但对环境造成的破坏没有超过环境的承载力;三是工业持续增长,但对生态环境的破坏超过环境承载力;四是工业没有增长,无论环境是否得到了改善,工业与环境是极不协调的。南庄作为陶瓷产业的转出地,不仅实现了工业增长,也实现了环境的改善,这与环境技术效率提高的基本思想是一致的。因此,从产业集聚转出地来看,南庄陶瓷产业的转型升级促进了环境技术效率的提高,是产业集聚影响环境技术效率假设的成功案例。

三、南庄陶瓷产业转入地的环境技术效率

目前,从南庄淘汰的陶瓷企业有一部分被转移到了广东省的清远、肇庆、云浮等市,另一部分被转移到广西、四川、湖北等省份。陶瓷产业承接地通过产业、技术、管理方法的承接,实现了本地经济的迅速发展。以清远为例,其凭借原材料的低成本、交通的便利及充裕的劳动力吸引了南庄陶瓷产业转入清远。以"绿色陶瓷"为发展目标,清远把陶瓷产业作为支柱产业,形成了产业集聚态势。目前,清远陶瓷企业达三十多家,主要集中在清潭、太和工业区和高新开发区,其中清潭拥有十多家陶瓷产业,成为该镇重要的产业集聚地。

南庄陶瓷产业集聚的转入为产业承接地带来了深远的影响。一方面,承接产业能够迅速地实现承接地的经济增长。以承接南庄陶瓷产业的清远源潭镇为例,陶瓷产业进入前,2002 年源潭镇工业总产值为 2.8 亿元,陶瓷产业转入后的 2008 年,工业总产值达到 141.5 亿元,比 2002 年增长了近 51 倍。在工业总产值中,陶瓷产业创造的产值为 39.9 亿元,占源潭镇全部工业总产值的 28%(陆剑宝、梁琦,2012)。另一方面,产业承接地可能出现新的污染,但可以通过产业集聚的外部性进行有效治理。有观点认为,由于承接地的技术水平较低,经济实力不强、环境治理水平不高,所以传统产业的进入将带来新一轮的环境污染。但是,从长远来看,环境与经济的协调发展已

经成为欠发达地区发展的必然选择,因此政府将会不断提高环保要求、加强环境管制,对企业采取环保节能行为施压。我们建议,政府应该积极利用集聚优势,在集聚内加强企业之间的合作,鼓励企业共同承担节能减排责任,加强技术联合攻关、使用和推广,尤其是支持企业使用智能技术、低碳技术,在承接地实现产业转型升级。

第四节 制造业集聚与环境技术
效率事例的世界经验

本章分别以德国鲁尔工业区经验、美国制造业经验和中国南庄陶瓷产业为典型事例,研究了产业集聚对环境污染及环境技术效率的重要影响,得出了重要启示,对中国工业化进程中环境污染问题的解决提供了具有指导意义的经验借鉴。无论是发达国家还是发展中国家,都存在着产业集聚带来环境污染的事例,也都存在着产业集聚提高环境技术效率的成功经验,因此,对处于工业化、城市化进程中期阶段的中国来说,通过发挥产业集聚的优势来实现工业经济增长和环境污染减少是最有效的路径选择。

促进环境与工业的协调发展是各国工业化进程中的重要任务之一。在各国工业化进程中均存在着工业迅速发展和环境污染不断增加的矛盾,当矛盾激化到阻碍经济继续发展、公众不能忍受污染之苦时,寻求环境与工业协调发展的路径便成为亟待解决的问题。纵观世界三百多年的工业化历程,美国大河流域的集聚地、中国东部沿海集聚区都证明了工业发达的地区大多为沿海或沿河流域的产业集聚地,不同的工业行业通过规模化生产带来了各种环境污染,严重威胁了经济的可持续发展。典型案例表明,产业集聚能够通过集聚地的外部性优势缓解环境污染压力,最终促进环境与工业的协调发展。

产业集聚的转型升级是提高环境技术效率的重要途径。产业集聚具有自身发展的生命周期，当集聚度达到较高水平时，拥挤、污染、稀缺资源的高成本会使集聚趋于分散或消亡，这时需要通过产业集聚的转型升级来增加经济效益、减小拥挤效应。鲁尔工业区、南庄陶瓷产业通过转型升级减少了环境污染，实现了新的经济增长，促进了环境技术效率水平的提高，验证了产业集聚的转型升级是转变集聚地经济增长方式、提高环境技术效率水平的重要途径。

加强集聚内企业技术、知识、基础设施共享是提高环境技术效率的关键。产业集聚具有其他经济组织方式不具备的外部性：产业关联、企业合作、知识和技术共享、风险共担等。美国制造业集聚向心力的产生及南庄陶瓷产业集聚地环境污染的较少都是集聚外部性发生作用的结果。在产业集聚内通过企业合作来共担环保节能风险，通过共享基础设施来减少政府及企业环保节能成本，通过产业关联共同开发使用新的环保节能技术，是提高环境技术效率、促进环境与工业协调发展的关键所在。

制定有效的环保节能政策是提高环境技术效率的有效保障。产业集聚与环境污染的典型事例表明，当污染使环境的承载能力达到极限，就会极大阻碍经济的发展，甚至威胁公众的生存环境。这将迫使政府顺应可持续发展趋势，制定相应的环保政策，通过加强环境规制使环境污染减少，进而增加经济利润和公众的幸福感。从产业集聚的角度来说，政府在制定环保节能政策时，必须顾及产业集聚区域的产业发展状况，根据产业集聚的发展周期及环境污染特征制定相应的环保措施，南庄陶瓷产业在陶瓷产业转出地与承接地制定的相关环保政策及其取得的成绩就说明了这一点。

政府的大力支持是通过发挥产业集聚优势来提高环境技术效率的推动力。作为一种创新的组织形式，产业集聚极大地促进了产业与区域竞争力，带动了经济的迅速发展，一定程度上提高了环境技术效率，但是成绩的取得也与政府的引导、扶持和推动直接相关。一方面，政府在集聚内建设环保节能设施，使集聚内企业免费共同享用设

施,减少了企业环保节能的成本;另一方面政府制定相关的政策措施,通过投资补贴、税收减免和优惠利率手段等推动集聚产业进行环保节能,从而达到提高环境技术效率的目的。世界各完成或正在进行工业化的国家,在环保节能方面都离不开政府的大力扶持。

发展新兴产业集聚是提高环境技术效率的有效举措。新兴产业具有创新力强、附加值高、污染少等特点,通过产业集聚的转型升级引导产业积极利用可有效提高生产率的先进技术,生产高附加值产品,既实现了经济收益的增加又实现了环保节能,符合环境与工业协调发展的理念,促进了环境技术效率水平的提高。鲁尔工业区转型升级之后,在集聚地内从以煤炭和钢铁为核心产业逐步向多元化的新兴产业发展,减少了环境污染,保持了鲁尔工业区的经济竞争优势,成功转变了经济增长方式,实现了环境与工业的协调发展,验证了新兴产业集聚可以有效促进环境技术效率提高这一观点。

58

一、鲁尔工业区提升环境技术效率的成功经验

环境技术效率提高的现实意义是实现工业产出最多、环境污染最少,最终实现经济与环境的协调发展。鲁尔工业区在衰退期以后,通过产业结构调整、产业集聚地转移等战略措施使经济重新振兴;同时通过环保创新技术的使用和推广,使环境污染有效地得到遏制,最终实现了环境技术效率水平的提高。目前,中国制造业集聚正处于集聚的中期阶段,拥挤效应已经产生,如何最大限度地达到"好产出"最多和"坏产出"最少,是工业化进程推进的客观要求,也是经济增长方式转变的最终目标。为此,借鉴鲁尔工业区成功实现环境技术效率提高的经验意义重大。

加大环保力度,为环境技术效率的提高提供保障。为对环境污染进行治理,鲁尔工业区成立了环保机构,专门对环境污染问题进行整治;购买并安装了废气回收装置,供集聚内企业共同使用;按功能对鲁尔工业区进行规划,将工业区与居民区分离开来,减少环境污染

对人民的危害。中国应加大环保力度,完善环保法律法规,支持产业集聚内环保技术和环保设施的购买与安置,减少环境污染,促进环境技术效率水平的提高。

调整产业结构,为环境技术效率的提高奠定基础。鲁尔工业区单一的产业结构导致产业同构化严重,拥挤效应的产生使经济出现全面衰退。因此,优化产业结构,使产业集聚的专业化水平控制在合理范围内,通过多样化集聚实现区域经济的稳定、平稳发展是区域环境技术效率提高的基础。

发展新兴产业,为环境技术效率的提高提供新的发展空间。在产业转型期间,鲁尔工业区大力鼓励新兴产业进入,使高新技术产业成为新的发展方向,这一举措极大地促进了环境技术效率水平的提高,使鲁尔工业区转型成功。中国正处于产业转型的关键期,积极发展新兴产业不仅是产业结构调整的必然要求,更是实现环境与工业协调发展的重要途径。

二、美国制造业集聚与环境污染的经验与启示

美国用了一百年的时间完成了工业化进程,在这一过程中,通过累积循环机制形成了“产业集聚与环境污染”——“产业集聚与污染治理”——“产业集聚与环境技术效率提高”的过程。中国正处于工业化中级阶段,也无法避免这一发展阶段,但是我们可以通过总结美国历史经验,寻求更快、更好的发展道路。

美国经验对中国具有重要的启示意义:中国的发展阶段和国情决定了实现工业与环境协调发展的根本途径是减缓与适应并举,即一方面形成绿色发展方式,减少环境污染;另一方面是通过对经济、社会活动进行前瞻性的调整,以主动探索低能源消耗及低污染排放的绿色经济模式,这种可持续的经济发展模式与环境技术效率的基本思想是高度相关的。目前,中国区域之间的环境及工业发展的协调性极不平衡,东部地区发展相对协调,但中、西部地区却严重失衡

（涂正革，2008）；而在产业层面，我国的制造业各行业中不协调产业占绝大多数。因此，通过产业集聚这种有效的产业组织形式，发挥其促进区域经济增长的同时也带来环境正效应的作用，是实现促进经济增长和减少环境污染的有效途径。

三、南庄陶瓷产业转型升级成功的经验与启示

第一，产业集聚发展到一定程度必然会带来环境污染，拥挤效应成为集聚转移的动因之一。产业集聚与产业、产品一样具有自身的生命周期，当成熟阶段完成以后，导致其扩散的离心力产生，使产业集聚或进行转型升级或消亡。南庄陶瓷产业经过近二十年的发展，开始面临环境污染、成本上涨、产业布局不合理等困境，南庄审时度势，积极进行产业转型升级，取得良好效果。这说明，任何产业集聚都有生命周期，应该清楚地认识产业集聚的发展阶段，根据产业发展规律采取相应措施，促进产业向可持续发展方向迈进。

第二，产业集聚的转型升级能使转出地和承接地同时实现环境技术效率水平的提高。一方面，南庄陶瓷产业集聚成功实现了"腾笼换鸟"，将保留在南庄的陶瓷产业进行升级，通过引进龙头企业、搭建创新平台、使用环保技术、发展新兴产业等措施的落实，极大促进了南庄环境技术效率的提高；另一方面，使产业承接地的产业竞争力和区域竞争力实现了双提升，也促进了欠发达地区工业化进程的推进。因此，应该对产业集聚在促进环境技术效率水平中的作用给予重视，积极利用集聚优势促进产业与环境的协调发展。

第三，产业集聚转型升级的成功既是市场的倒逼力量，也离不开政府的大力扶持。南庄陶瓷产业的转型升级，从本质上说是市场对资源优化配置的过程中优胜劣汰的结果。但是，政府在推进陶瓷转型升级过程中也起到了至关重要的作用。为推进陶瓷产业转型，南庄镇政府采取了如下做法：给予企业资金支持，为转型升级提供了基本保障；对产业腾出的土地，在规划、用地和"三旧"改造政策上给予

优惠,在招商引资方面给予支持;启动南庄生态再造项目,打造具有岭南特色的生态产业区。因此,在产业集聚转型升级过程中,应积极利用政府力量,齐心协力实现产业与环境的协调发展。

第三章 中国制造业集聚与环境技术效率的测算

改革开放三十多年来,中国经济飞速发展的根本动力来源于工业,特别是集聚在东部沿海地区的制造业(黄玖立、李坤望,2006)。然而,大规模的制造业生产既存在着资源浪费、过度消费的"富贵病",又存在着资源耗竭、环境污染的"贫困病",使制造业集聚不仅面临着经济增长与环境污染之间的尖锐矛盾,更担负着经济发展模式如何从"粗放型"向"集约型"转变的重大责任。所以,从制造业集聚本身寻求可持续发展路径,是我国从"环境污染型、资源浪费型"社会向"环境友好型、资源节约型"社会过渡的必然选择。环境技术效率(简称ETE)是衡量"好产出"增加和"坏产出"减少的重要指标,其现实意义是如何最大可能地实现环境与工业的协调发展。从产业集聚的角度对环境技术效率进行研究,是实现经济又快又好的有效路径。

在对前面基础理论阐述的基础上,我们将为验证这些理论做准备,也为后续实证研究做铺垫,分别从行业和省份层面测算中国制造业集聚与环境技术效率。从行业和省份两个层面测算制造业集聚,可以通过不同产业之间集聚度的比较,更好地测度产业集聚程度和产业的区域专业化水平,进而更好地分析不同集聚度的产业及区域中的环境特征。从行业和省份两个层面测算环境技术效率能够全面观测我国环境技术效率的产业和区域技术前沿,更深入地了解我国各行业及各省份工业与环境协调发展的现状。此外,研究产业集聚与环境之间的关系以及产业集聚对环境技术效率的影响,是尝试性的基础研究工作,从多个侧面对这一问题进行研究,能够使实证检验结果更加可靠和稳健。

科学测度制造业集聚水平和环境技术效率水平,是深入研究产业集聚对环境技术效率影响的基础性工作,也是有针对性地制定产业及区域环境政策的数据支持。本章接下来的结构安排如下:第一部分是中国制造业集聚的测度方法及样本数据说明;第二部分是基于方向性距离函数的环境技术效率测度方法的介绍,并对样本数据进行描述;第三部分分别从省份和行业层面测度中国制造业的空间基尼系数和赫芬达尔指数,并进行初步分析;第四部分从行业和省际两个层面分别测算制造业各个行业环境技术效率和省际环境技术效率,为后文分析奠定基础;第五部分是制造业集聚与环境技术效率的统计性描述。

第一节　制造业集聚的有效度量

一、制造业集聚的测度方法

近年来,产业集聚成为经济学家和地理学家共同关注的重要研究领域,找到合适的方法来测量产业集聚度是主要研究任务之一。沃顿和奥福曼(Duranton 和 Overman,2005)认为,产业集聚度的测量需要满足如下条件:不同产业之间和不同空间尺度之间都可以比较;在产业随机分布为"零假设"的条件下,指数的估计值是唯一的、确定的;在产业分类改变情况下能保证指数估计无偏;在空间规模或尺度发生改变的前提下可以确定指数是估计无偏的。

通常,产业集聚度的测量指数主要包括区位商、赫芬达尔指数、空间基尼系数、变差系数、差异系数、胡弗系数等。在本书中,我们采

用了赫芬达尔指数(简写为 H 指数)和空间基尼系数(简写为 GNI 系数)测度产业集聚:第一,这两个指数既可以计算产业在空间的集聚度,又可以测量不同区域产业的专业化和多样化程度,具有灵活性和实用性;第二,本书主要采用制造业数据测量产业的集聚程度和区域专业化程度,这两个指数能够更好地解释二者与环境技术效率之间的关系;第三,以往研究中对这两个指数的测量大多截止于 2005 年左右,本书则将数据更新到 2009 年,能够更好地观察近几年来产业集聚程度,并可更好地分析在近年来环境问题日益严峻的情况下制造业的集聚程度。

赫芬达尔指数用公式表示为:

$$H = \sum_{i=1}^{n} (x_i/X)^2 \tag{3-1}$$

当 H 表示产业赫芬达尔指数时,X 代表某一产业在全国的总销售收入(产值、增加值、就业人数),x_i 代表 i 省此产业的销售收入,n 表示省份的个数。所以产业赫芬达尔指数度量的是该产业平均地分布于各省,还是集聚在少数省份。当 H 表示省内赫芬达尔指数时,X 代表省内全部产业总销售收入(产值、增加值、就业人数),x_i 代表省内 i 产业销售收入,n 表示省内产业数目。H 指数越小,省内各产业规模总体差距越小,产业分布份额越均匀,产业多样化程度越高;反之,省内产业规模之间差距越大,多样化程度越小,省内部分产业的份额就越大。如果 $H=1$,则意味着该省只有一个产业;各产业分布越均匀,H 越接近于零。

空间基尼系数的数学表达式为:

$$G = \frac{1}{2n^2 \bar{s}_k} \sum_{i=1}^{n} \sum_{j=1}^{n} |s_{ki} - s_{kj}| \tag{3-2}$$

当 G 表示省内基尼系数时,s_{ki} 和 s_{kj} 是产业 i、j 在 k 省工业销售收入中所占的份额,n 是 k 省的产业个数,$\bar{s}_k$ 是各产业在 k 省工业销售收入中所占份额的均值,由于 $\bar{s}_k = 1/n$,所以分母就等于 $2n$。如果该省每个产业份额相等,则省内基尼系数为零;如果该省只有一个产业,则省内基尼系数接近于 1(n 趋于 ∞ 时,G 趋于 1)。当 G 表示产业基尼系数时,s_{ki} 和 s_{kj} 是地区 i 和地区 j 的 K 产业在全国 K 产业中的份额,n 代表省份的个数,$\bar{s}_k$ 是各省份 K 产业在全国 K 产业所占份额的平均值。若 K 产业在每一个省份的份额之相等,代表该产业在全国各产业平均分布,那么 $G=0$;若 K 产业只在一个省份集聚,表示该产业的区域专业化程度很高,那么 G 值趋向于 1。简而言之,产业区域专业化程度越低,G 越趋向于 0;产业区域专业化程度越高,G 越接近于 1。

二、制造业集聚的样本数据说明

在行业层面,采用 2001—2009 年中国 30 个制造业行业面板数据,运用行业主营业务数据分别计算了行业赫芬达尔指数、行业基尼系数、省份赫芬达尔指数、省份基尼系数,数据来源于《中国工业企业数据库》(2002—2010 年)及《中国统计年鉴》(2002—2010 年)。由于制造业在我国工业经济中居主导地位,产值贡献度占工业的 85% 以上,可以反映工业体系的发展状况,因而对制造业进行研究具有代表性;同时,后文将考察的是我国制造业集聚对产业环境技术效率的影响,因此,分析制造业行业集聚的变动态势是后续研究的基础。

在省际层面,采用 2001—2009 年中国 31 个省份面板数据,运用行业主营业务数据分别计算了行业赫芬达尔指数、行业基尼系数、省份赫芬达尔指数、省份基尼系数,数据来源于相应年份《中国工业企业数据库》(2002—2010 年)及《中国统计年鉴》(2002—2010 年)。其中,西藏数据具有较大缺失性,影响整体数据描述效果,故将西藏删去,只考察 30 个省份的数据。由于后文要考察我国 30 个省份的产业专业化程度对区域环境技术效率的影响,因此,分析 30 个省份区域专业化程度的变动趋势是必要的。

第二节　环境技术效率的测算方法与数据说明

一、环境技术与环境技术效率

1.环境技术

从一般意义上说,环境技术是指通过使用或推广环保设备、绿色生产方法、绿色产品设计等方式来减少人类活动产生的资源、环境负荷的技术或方法。环境技术除了包括污染控制设备、环境污染检测仪器和清洁生产技术等硬环境技术以外,还包括环境规划、环境信息系统、环境评价等软环境技术。

有学者认为,环境技术是在环保节能和维持生态平衡过程中所掌握的方法和手段的总和,旨在实现可持续发展(王兵、王春胜,2006)。与一般的产出不同(一般的产出指的只是一种正常的"好"的经济产出),环境技术计算中所涉及的产出既包括正常的"好产出",也包括"好产出"的副产品——"坏产出",如各种环境污染。在产业层面,环境技术是包括"三废"污染等"坏产出"在内的行业产出与各种要素投入之间的一种技术结构(Fare,2007),代表在既定投入条件下最大产出和最小污染的集合,环境技术度量了在最优技术结构下环境产出的可能前沿;在区域层面,环境技术是指该地区的要素投入与"好产出""坏产出"之间的技术结构关系,衡量该地区环境、资源与经济协调发展的程度,若地区处于环境技术前沿,则协调度越高,若地区所处位置远离环境技术前沿,则协调度较低。从理论上讲,环境技术是测量环境技术效率的基础。

这里,我们用产出集合描述环境技术:

$$P(x) = \{(y,b):x \text{ 能生产}(y,b)\}, x \in R_+^N$$

其中, $P(x)$ 指的是 N 种投入要素所能生产的"好产出"与"坏产出"组成的集合,投入向量为 $x = (x_1,\cdots,x_N) \in R_+^N$,"好产出"向量

为 $y = (y_1, \cdots, y_M) \in R_+^M$,"坏产出"向量为 $b = (b_1, \cdots, b_V) \in R_+^V$ 。

环境技术集具有四种特性(涂正革,2008):第一,弱可处置性,表示在一定技术水平条件下,"好产出"和"坏产出"同比递增或递减的特性,即:如果 $(y, b) \in p(x)$ 且 $0 \leq \theta \leq 1$,则 $(\theta y, \theta b) \in P(x)$;第二,强可处置性,表示在投入要素与"坏产出"相同的情况下,"好产出"可多可少,即:"好产出"具有完全可处置性;第三,没有"坏产出"就没有"好产出"特性,即:$(y, b) \in p(x)$,若 $b = 0$,则 $y = 0$;第四,投入要素具有自由可处置性,即:如果 $x' \geq x$,那么 $P(x) \subseteq P(x')$ 。在此基础上,我们将给出环境技术函数。

2.环境技术效率

根据以上分析不难得知,环境技术函数就是制造业正常产出与污染产出的总和。制造业生产过程中污染物通常被称为"坏"产品,正常产品的产出为"好"产品,解决环境污染问题的主要思路之一是最大限度地减少"坏"产品,增加"好"产品。仍然以 $y = (y_1, \cdots, y_M) \in R_+^M$ 代表"好产出",即正常产品的产出;以 $b = (b_1, \cdots, b_J) \in R_+^J$ 代表污染产出;以 $x = (x_1, \cdots, x_N) \in R_+^N$ 代表投入向量,$x_1 \cdots x_N$ 指的是不同要素组合。则 N 种要素投入 x 生产的"好产出"和"坏产出"组合为 $P(x)$,用这种产出组合模拟的环境技术函数为:

$$P(x) = \{(y, b) : x \text{ 生产}(y, b)\}, x \in R_+^N \tag{3-3}$$

对于每一个投入向量,产出由好产品 y 和坏产品 b 组成。环境技术函数具有以下特性:

①对任意 $x \in R_+^N$ 有 $\{0\} \in P(x)$;

②对任意 $x \in R_+^N$, $P(x)$ 是紧的;

③若 $x' \geq x$,则 $P(x) \subseteq P(x')$;

④若 $(y, b) \in p(x)$ 且 $0 \leq \theta \leq 1$,则 $(\theta y, \theta b) \in P(x)$;

⑤若 $(y, b) \in p(x)$ 且 $b = 0$,则 $y = 0$;

⑥若 $(y, b) \in p(x)$,且 $y' \leq y$,则 $(y', b) \in P(x)$,表示 y 是自由处置的。

由此,定义环境生产函数如下:

$$F(x,b) = \max\{y:(y,b) \in P(x)\} \tag{3-4}$$

由(3-4)式可知,如果以 P 代表当前的技术, P' 代表存在由 K 个技术组成的技术组合,则在 P' 技术组合、当前投入和坏产品最大产量约束下, P' 技术组合下好产品最大产出为:

$$F(x^k;b^k) = \max \sum_{k=1}^{K} z_k y_k \tag{3-5}$$

$$s.t. \begin{cases} \sum_{k=1}^{K} z_k b_{kj} \leqslant b_{kj}, j = 1, \cdots, J \\ \sum_{k=1}^{K} z_k x_{kn} \leqslant x_{kn}, n = 1, \cdots, N \\ z_k \geqslant 0, k = 1, \cdots, K \end{cases}$$

以上方程可求解有一种"好"产品、J 种"坏"产品和 N 种投入情况下的最优"好"产品产出。y_k、b_{kj}、x_{kn} 分别代表第 k 种技术下的"好产出"、第 j 种"坏产出"和第 n 种投入,z_k 代表采用第 k 种技术的权重。方程式(3-5)描述了技术组合下的生产边界,其中,第一个约束不等式代表技术组合下的"坏"产品产出不大于现有技术下的"坏"产品产出。以往的研究认为技术组合下的"坏"产品产出等于现有技术下的"坏"产品产出,事实上,技术组合中有可能存在某些技术组合下的"坏"产品产出小于当前技术水平的"坏"产品产出,而此时"好"产品恰好能达到更高产出,若假设技术组合与现有技术下的"坏"产品产出相等,就无法得到环境生产函数的最优解。因此,本书将约束放松为技术组合下的"坏"产品产出不大于现有技术下的产出。第二个约束不等式代表技术组合下的投入不大于现有技术下的投入。环境技术函数度量了现有技术和最优技术组合的差距,强调了技术组合下"好产出"最大化。但是,环境技术函数没有将减少"坏产出"作为约束纳入方程中,所以在环境和经济协调发展的情况下用来衡量环境技术效率是不合适的,因此,需求助于环境方向性距离函数对"好产出"和"坏产出"进行既区分,进而计算"好产出"增加和"坏产出"同时减少时的环境技术效率。

我们将运用非参数前沿方法构造中国制造业各行业环境技术效率前沿及各省份环境技术效率前沿,进而采用方向性距离函数测算环境技术效率。为了计算环境技术效率,我们首先定义包含环境在内的生产可能集合:

$$P(x) = \{(y,b):x \text{ 生产}(y,b)\}, x \in R_+^N \tag{3-6}$$

其中,$y = (y_1, \cdots, y_M) \in R_+^M$ 代表"好产出",即能够获得经济利润的正常产品的产出,这里通常用行业工业总产值或省份工业总产值来衡量;以 $b = (b_1, \cdots, b_J) \in R_+^J$ 代表污染产出,通常用"三废"指标来衡量,本书指的是二氧化硫排放;以 $x = (x_1, \cdots, x_N) \in R_+^N$ 代表投入向量,$x_1, \cdots, x_N$ 指的是资本、人力、能源等不同要素组合,通常分别用各行业或省份的固定资产净值年平均值、全部从业人员年平均数、能源消费总量来衡量。N 种要素投入 x 生产的"好产出"和"坏产出"组合为 $P(x)$。我们假定该生产可能性集合是一个有界集,并满足投入要素可自由处置、"好产出"和"坏产出"的联合弱可处置性及"好产出"和"坏产出"具有零结合性等特性。

二、基于方向性距离函数的测度方法

理论界关于环境与工业协调发展的研究方法众多,但均有其局限性,如:CGE 模型更擅长比较静态分析,其动态扩展模型在实证研究中由于过于简单而使研究结果的有效性欠佳,所以较少被采用;参数化计量模型能够较好地分析环境与工业发展的协调性问题,应用也较为普遍,但是却常常受制于分布假定而使模型的构建困难加大;环境成本收益分析法也是解决环境与经济协调发展问题的重要方法之一,但是其需要对环境污染造成的影响进行科学评估,这使估算的过程变得相当复杂,估算结果也常常有失客观性,因此使用率较低;传统的谢波德距离函数是将环境污染作为其中一种产出进行测算的

方法,但是它很难区分计算生产过程中哪部分投入是进行生产的投入、哪部分投入是进行环境治理的投入。直到方向性距离函数的广泛应用,获取经济利润的"好产出"和代表环境污染的"坏产出"才得到了有效的区分,并将二者纳入一个统一的分析框架(陈诗一,2010),使传统的研究环境与经济协调发展的方法进行了拓展和延伸。方向性距离函数的设计,恰好体现了环境技术效率中"好产出"增加的同时"坏产出"减少的思想,所以基于方向性距离函数计算中国环境技术效率是科学、有效的测量方法。

在计算生产单元的生产状态与生产可能性边界之间的距离时,我们采用方向性距离函数方法进行测算。环境方向性距离函数设定了方向向量 $g = (g_y, -g_b)$,见图3-1。

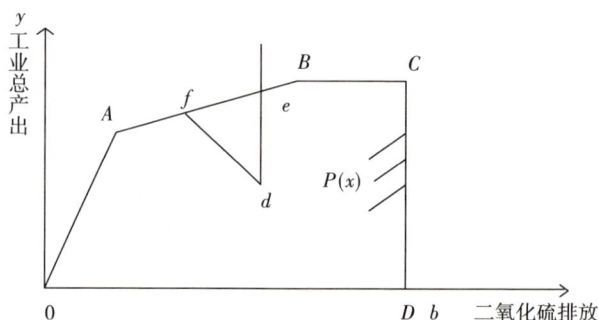

图3-1　方向性环境距离函数示意图

在增加环境投入下的环境生产函数和方向性环境距离函数存在一定的联系,如果我们将方向向量定义为 $g = (y, 0)$,则方向性环境距离函数就是在环境规制下的环境生产函数。可见方向性环境距离函数是一种普遍的形式,其方向向量代表了对"坏"产品减少的约束下"好"产品的最大增加量。

图3-1中 $OABCD$ 代表技术组合下的生产边界, d 点代表现有技术下的"好产品"最大产出; e 点代表在存在环境规制下相同投入情况下的"好产品"的最大产出,特别强调的是 d 点不一定是在坏产品

为 b 时才能得到,也可能是在小于 b 的情况下得到;f 点代表在方向向量 g 的约束下得到的最大产出,位于生产前沿面上。具体来说,d 点是现有技术组合下所能获得的"好产出"和"坏产出"组合,按照常规路径,od 射线将可以朝着既定路线延伸下去,即每增加一单位的"好产出"就会带来一单位的"坏产出",这是传统的一边实现经济增长一边进行环境污染的路径。后来,政府开始介入环境治理,使得在"坏产出"既定的条件下,生产更多的"好产出",这也就是 de 这条线代表的经济含义。 现在,我们是要设定一个方向向量 $g = (g_y, -g_b)$,使"好产出"和"坏产出"组合沿着 df 的方向前进,这意味着,每减少一单位的"坏产出",便可以实现一单位"好产出"的增加,这是我们所要寻求的最佳路径。

将 $g = (g_y, -g_b)$ 带入产出距离函数,得到方向性环境距离函数:

$$\overrightarrow{D_0}(x,y,b;g_y,g_b) = \max\{\beta:(y+\beta g_y, b-\beta g_b) \in P(x)\} \quad (3\text{-}7)$$

方程式(3-7)中 x、y、b 分别代表当前技术下的投入、"好产出"和"坏产出"。β 代表按照方向向量 $g = (g_y, -g_b)$ 所能达到的"好"产品增加、"坏"产品减少的最大比例。同样在约束条件下,通过线性规划方法求得现有技术和技术组合下的效率差距,从而求出"好"产品 y 增加和"坏"产品 b 减少的最大可能数量。方向性环境产出距离函数为:

$$\overrightarrow{D_0}(x^k,y^k,b^k;g_y,g_b) = \max\beta^k \quad (3\text{-}8)$$

$$s.t.\begin{cases} \sum_{k=1}^{K} z_k y_{kj} \geq y_{kj} + \beta^k g_{y_m}, m=1,\cdots,M \\ \sum_{k=1}^{K} z_k b_{kj} \leq b_{kj} - \beta^k g_{b_j}, j=1,\cdots,J \\ \sum_{k=1}^{K} z_k x_{kn} \leq x_{kn}, n=1,\cdots,N \\ z_k \geq 0, k=1,\cdots,K \end{cases}$$

为了更加符合经济发展的现实状况,本书没有按照传统方向性环境距离函数那样将方向向量设为 $g = (1y, 1b)$,而是根据现实情况进行了改进,即:根据哥本哈根会议上中国承诺 2020 年 40% 的减排目标和中国 2001—2008 年的平均经济增长率计算出方向向量为 $g = (1y, 1.35b)$ 。类似传统技术效率的定义,将环境技术效率定义为"好"产品的实际产出量与环境技术组合下的最大产出量的比值,公式如下:

$$\text{ETE}(x^k, y^k, b^k; g_y, g_b) = 1/(1 + \overrightarrow{D_0}(x^k, y^k, b^k; g_y, g_b)) \qquad (3-9)$$

射线 df 的距离越短,代表越趋向于环境技术效率前沿面,此时环境技术效率越高,ETE 值也就越大;反之,ETE 之就越小。

三、环境技术效率的样本数据说明

在方向性距离函数的基础上计算环境技术效率(Environmental Technological Efficiency, ETE),描述"好产出"实际量与环境技术结构下前沿产出量的比值,得出期望产出最大扩张与"坏产出"最大减少的可能性(Fare, 2004)。环境技术效率计算单个产业相对于环境前沿生产者的距离,刻画了环境与工业发展的协调程度,其取值区间为(0, 1),数值越接近于 1,环境技术效率越高,环境与工业发展越协调;数值越接近于 0,环境技术效率越低,环境与工业发展越不和谐。

本书基于环境技术采用方向性距离函数方法计算 28 个制造业行业的环境技术效率。按照 2002 年《国民经济行业分类标准》划分,本应选取 30 个制造业作为样本行业,但是"工艺品及其他制造业"和"废气资源和废旧材料回收加工业"两个行业数据缺失较多,为了数据的完整性和计算结果的有效性,将这两个行业在样本中剔除。在计算环境技术效率时,各行业工业总产值代表"好"产品的产出;各行业固定资产净值年平均值、能源消费总量、全部从业人员年平均数作为三种要素投入指标;以工业二氧化硫排放总量代表环境污染,用 SO_2 排放作为指标是因为 SO_2 作为大气污染物的主要成分,主要来源于煤炭、石油等大量燃烧含硫的化合物,在工业生产中排放较多,特别是自 20 世纪 70 年代以来,各国严密监测 SO_2 的排放水平,具有统计连续性。其中,各行业工业总产值和固定资产净值年平均值以 2001 年为基期,根据 2009 年《中国统计年鉴》中 1978 年不变价格指数统一进行平减,将名义数值换算成了实际数值。本书数据来源于《中国统计年鉴》(2002—2009 年)、《中国工业经济年鉴》(2002—2009 年)、《中国环境年鉴》(2002—2009 年)、《中国经济贸易年鉴》(2002—2009 年)、《中国科技统计年鉴》(2002—2009 年)。

仍采用方向性距离函数的方法测算区域环境技术效率。本书应选取 2001—2009 年 30 个省份(为了数据测算结果的有效性去除西藏)作为样本,各区域工业总产值代表"好产出",各省份固定资产净值年平均值、能源消费总量、全部从业人员年平均数作为三种要素投入指标;以工业二氧化硫排放总量代表环境污染。其中,各省份工业总产值和固定资产净值年平均值以 2001 年为基期,根据 2009 年《中国统计年鉴》中 1978 年不变价格指数统一进行平减,将名义数值换算成了实际数值。本书数据来源于《中国统计年鉴》(2002—2010 年)、《中国工业经济年鉴》(2002—2010 年)、《中国环境年鉴》(2002—2010 年)、《中国经济贸易年鉴》(2002—2010 年)、《中国科技统计年鉴》(2002—2010 年)。

73

第三节　中国制造业集聚的变动趋势

一、行业层面中国制造业集聚的变动趋势

根据第一节的测算方法,测算了 2001—2009 年产业赫芬达尔指数和空间基尼系数,进而根据 2001—2009 年的赫芬达尔指数和基尼系数的平均变动来判定集聚度是上升、下降趋势,其中对某个年份偶然上升或下降的趋势忽略不计(见表 3-1、表 3-2):

表 3-1 2001—2009 年奇数年产业赫芬达尔指数及其变动趋势

产业代码	2001	排序	2003	排序	2005	排序	2007	排序	2009	排序	变动
13	0.0951	16	0.1024	18	0.1153	16	0.1073	16	0.0926	19	上升
14	0.072	25	0.0698	26	0.0768	25	0.0782	24	0.0773	24	下降
15	0.0654	27	0.0675	28	0.0699	26	0.0644	28	0.0658	28	下降
16	0.0916	18	0.0844	20	0.0798	23	0.0835	22	0.0724	25	下降
17	0.1354	8	0.1452	9	0.1571	7	0.1385	4	0.1465	5	上升
18	0.1494	5	0.1504	8	0.1465	8	0.1303	6	0.13	8	下降
19	0.1468	7	0.1519	7	0.143	9	0.1242	8	0.1273	10	下降
20	0.0901	19	0.0823	22	0.0929	20	0.0846	21	0.0876	20	上升
21	0.1153	13	0.1385	11	0.1387	11	0.1191	12	0.1211	12	上升
22	0.0938	17	0.1085	17	0.1168	15	0.1083	15	0.1031	15	上升
23	0.0885	20	0.1096	16	0.111	17	0.0891	19	0.0978	18	上升
24	0.1997	2	0.1948	4	0.19	5	0.2071	2	0.1891	3	上升
25	0.0733	22	0.0709	25	0.0681	27	0.0868	20	0.0664	27	下降
26	0.0785	21	0.0843	21	0.093	19	0.09	18	0.0991	17	上升
27	0.0572	28	0.0592	29	0.0637	29	0.0562	30	0.0653	30	下降
28	0.1474	6	0.187	5	0.2382	1	0.2102	1	0.2607	1	上升
29	0.1164	12	0.1343	12	0.1345	12	0.1222	10	0.14	7	上升
30	0.1284	10	0.1326	13	0.1295	13	0.1156	13	0.1125	13	下降
31	0.0724	24	0.0767	23	0.0853	21	0.0813	23	0.0775	23	上升
32	0.0663	26	0.0695	27	0.079	24	0.0702	26	0.0787	22	上升
33	0.0518	29	0.0537	30	0.0596	30	0.0589	29	0.0658	29	上升
34	0.1212	11	0.128	14	0.1229	14	0.1137	14	0.109	14	上升
35	0.1109	14	0.1141	15	0.1075	18	0.0955	17	0.1015	16	上升
36	0.0993	15	0.0875	19	0.0853	22	0.0764	25	0.0836	21	上升
37	0.0727	23	0.0719	24	0.0639	28	0.0667	27	0.0673	26	下降
39	0.1292	9	0.1393	10	0.1388	10	0.1247	7	0.1213	11	上升
40	0.1737	4	0.1953	3	0.1998	4	0.1708	3	0.2002	2	上升
41	0.1818	3	0.2006	2	0.1726	6	0.1199	11	0.1438	6	下降
42	0.2056	1	0.1718	6	0.2043	2	0.1226	9	0.1287	9	下降

产业代码	2001	排序	2003	排序	2005	排序	2007	排序	2009	排序	变动
43	0	30	0.2636	1	0.2039	3	0.1322	5	0.1494	4	下降

注:按照国际行业代码标准,30个制造业行业代码与名称一一对应如下:13-农副食品加工业;14-食品制造业;15-饮料制造业;16-烟草制品业;17-纺织业;18-纺织服装、鞋、帽制造业;19-皮革、毛皮、羽毛(绒)及其制品业;20-木材加工及木、竹、藤、棕、草制品业;21-家具制造业;22-造纸及纸制品业;23-印刷业和记录媒介的复制;24-文教体育用品制造业;25-石油加工、炼焦及核燃料加工业;26-化学原料及化学制品制造业;27-医药制造业;28-化学纤维制造业;29-橡胶制品业;30-塑料制品业;31-非金属矿物制品业;32-黑色金属冶炼及压延加工业;33-有色金属冶炼及压延加工业;34-金属制品业;35-通用设备制造业;36-专用设备制造业;37-交通运输设备制造业;39-电气机械及器材制造业;40-通信设备、计算机及其他电子设备制造业;41-仪器仪表及文化、办公用机械制造业;42-工艺品及其他制造业;43-废弃资源和废旧材料回收加工业。以下各表格中涉及的制造业名称均以该行业代码表示。

表3-2　2001—2009年偶数年产业基尼系数变动趋势

产业代码	2002	排序	2004	排序	2006	排序	2008	排序	变动
13	0.5765	20	0.6021	19	0.6117	19	0.5733	22	上升
14	0.5343	26	0.5366	26	0.5591	24	0.5364	26	下降
15	0.5118	28	0.5116	28	0.5089	28	0.4920	30	下降
16	0.5646	23	0.5636	23	0.5519	25	0.5412	25	下降
17	0.7297	9	0.7479	9	0.7597	8	0.7563	6	上升
18	0.7814	6	0.7804	6	0.7806	4	0.7607	5	下降
19	0.7877	4	0.7719	8	0.7716	5	0.7555	7	下降
20	0.6241	18	0.6203	18	0.6430	17	0.6299	17	上升
21	0.6822	13	0.7184	13	0.7299	10	0.7216	10	上升
22	0.6543	16	0.6823	15	0.6835	16	0.6695	15	上升
23	0.5976	19	0.6469	17	0.6320	18	0.6153	18	上升
24	0.8255	2	0.8308	1	0.8266	1	0.8187	2	上升
25	0.5602	24	0.5524	25	0.5333	27	0.5216	28	下降
26	0.5706	21	0.5686	22	0.5974	21	0.5831	20	上升
27	0.4860	29	0.4998	29	0.4934	30	0.4944	29	下降
28	0.7429	8	0.7914	4	0.8182	2	0.8236	1	上升

产业代码	2002	排序	2004	排序	2006	排序	2008	排序	变动
29	0.6731	14	0.6990	14	0.7176	14	0.7064	12	上升
30	0.7165	10	0.7255	12	0.7224	12	0.6980	13	下降
31	0.5466	25	0.5788	21	0.5942	22	0.5749	21	上升
32	0.5264	27	0.5356	27	0.5721	23	0.5453	24	上升
33	0.4145	30	0.4660	30	0.4964	29	0.5246	27	上升
34	0.6950	12	0.7265	11	0.7193	13	0.6923	14	上升
35	0.6710	15	0.6808	16	0.6850	15	0.6692	16	上升
36	0.6320	17	0.5985	20	0.6015	20	0.6054	19	上升
37	0.5677	22	0.5533	24	0.5426	26	0.5709	23	下降
39	0.7129	11	0.7267	10	0.7283	11	0.7072	11	上升
40	0.7867	5	0.8087	2	0.8132	3	0.8122	3	上升
41	0.7542	7	0.7737	7	0.7610	7	0.7388	8	下降
42	0.8423	1	0.8036	3	0.7543	9	0.7631	4	下降
43	0.8012	3	0.7880	5	0.7665	6	0.7361	9	下降

由表3-1和3-2可以看出,各制造业的赫芬达尔指数和产业基尼系数均表现出60%的制造业行业集聚度呈上升趋势。其中化学纤维制造业、通信设备、计算机及其他电子设备制造业、纺织业、有色金属冶炼及压延加工业、橡胶制品业、印刷业和记录媒介的复制等行业的集聚势头强劲。农副食品加工业、纺织业、非金属矿物制品业、家具制造业、文教体育用品制造业、橡胶制品业及木材加工及木、竹、藤、棕、草制品业等劳动密集型产业更倾向于向劳动力资源富裕的地区集中。近年来劳动密集型产业转型与升级步伐加快,拥有知名品牌的企业成为集聚中心企业,其他行业不断向中心靠拢,因此行业的集中度不断上升。有色金属冶炼及压延加工业、石油加工、炼焦及核燃料加工业等资本密集型产业的集聚度亦在不断提高,这些行业多分布在东北或中西部地区,这可能是国家对这些地区的行业管制不断加强的结果。通用设备制造业、专用设备制造业、电气机械及器材

制造业与通信设备、计算机及其他电子设备制造业等技术密集型行业的集聚度也在不断上升,这是因为,目前国家在大力促进经济增长方式转变,新兴产业在原有高新技术产业的基础上萌生或分化出来,对技术的依赖使高新技术集聚区的集聚优势越发明显。与集聚度不断增强的行业相比,有 40% 的行业集聚度处于下降趋势,如食品制造业,饮料制造业,烟草制品业,纺织服装、鞋、帽制造业,皮革、毛皮、羽毛(绒)及其制品业,医药制造业,塑料制品业,交通运输设备制造业,仪器仪表及文化,办公用机械制造业,工艺品及其他制造业。这些行业大多属于基础性行业,空间布局逐步趋向均匀化,且像饮料制造业、医药制造业等行业的集聚度一直处于较低水平。特别是,2009 年,大多行业的集聚度都较 2007 年集聚度低,其中集聚度下降的产业下降幅度大,这可能是由于国际金融危机使得制造业发展受到一定冲击,如纺织服装、鞋、帽制造业和皮革、毛皮、羽毛(绒)及其制品业等集聚度下降明显;同时,全球能源紧缺和环境问题越加严峻,低碳经济的需求变得越来越紧迫,石油和天然气开采业,石油加工、炼焦及核燃料加工业,电力、热力的生产和供应业等也都处于下降状态。

　　为观测中国制造业集聚的总体趋势,绘制了 2001—2009 年赫芬达尔指数(H 指数)和空间基尼指数(GNI 系数)曲线,如图 3-2 所示。

　　图 3-2 表明,H 指数和 GNI 系数曲线在形状上是基本相同的,2001—2003 年集聚度逐渐升高,2003—2006 年较为平稳,到了 2007—2009 年则开始缓慢下降,这两条曲线构成缓和的倒 U 型,说明在 2001—2009 年内,制造业集聚的发展经历了由上升再下降的产业周期。根据石灵云(2008)和贺灿飞(2009)的研究,从 1998 年到 2003 年,产业集聚度持续升高,是改革开放以来大量劳动力、资本、技术等资源快速集中的结果,这与本书中 2001—2003 年集聚度不断升高是相吻合的。在 2004—2006 年这 3 年间,集聚规模达到了饱

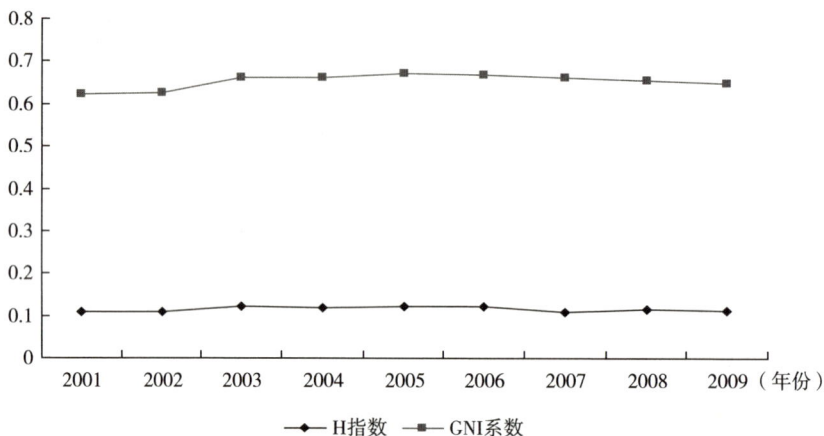

图 3-2　2001—2009 年中国 30 个制造业集聚时间变化趋势

和,处于平稳增长状态。2007 年以后,国际金融危机和环境承载力减弱加速了集聚的分散。

由于制造业产业中各行业的集聚程度不尽相同,因此计算 2001—2009 年 30 个制造业的平均基尼系数和赫芬达尔指数来观察制造业的集聚差异,如图 3-3 所示。图 3-3 表明,无论是基尼系数抑或赫芬达尔指数,2001—2009 年中国 30 个制造业行业的产业集聚变动趋势是相同的。其中,集聚度按降次排序排在前 5 位的是文

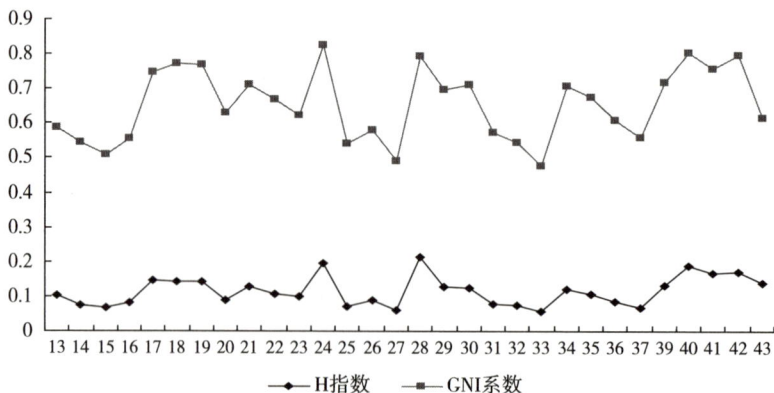

图 3-3　2001—2009 年平均赫芬达尔指数及产业空间基尼系数

教体育用品制造业,通信设备、计算机及其他电子设备制造业,化学纤维制造业,仪器仪表及文化、办公用机械制造业,纺织服装、鞋、帽制造业,这些产业积极参与国际化分工,比较优势明显;而排在后五位的行业分别是食品制造业、黑色金属冶炼及压延加工业、饮料制造业、医药制造业、有色金属冶炼及压延加工业,这是因为食品、饮料、医药等行业是人民生活的必需消费品,因此分布较为分散是市场配置资源的结果,由于产业资源禀赋或产业发展模式等原因,黑色金属冶炼及压延加工业和有色金属冶炼及压延加工业的集聚度偏低。

二、省份层面中国制造业集聚的变动趋势

根据赫芬达尔指数和产业空间基尼系数的测算方法,计算了2001—2009年省份赫芬达尔指数和空间基尼系数,其变动态势见表3-3和表3-4。

表3-3 2001—2009年奇数年省份赫芬达尔指数变动趋势

省份	2001	排序	2003	排序	2005	排序	2007	排序	2009	排序	变动
北京	0.0897	12	0.1330	7	0.1134	4	0.1010	11	0.1010	11	上升
天津	0.1187	7	0.0714	17	0.0854	12	0.0842	17	0.0842	17	上升
河北	0.1025	8	0.0674	20	0.0694	19	0.0774	18	0.0774	18	上升
山西	0.1246	6	0.1265	8	0.1131	5	0.1192	8	0.1192	8	上升
内蒙古	0.1489	5	0.1586	3	0.0963	9	0.1086	9	0.1086	9	下降
辽宁	0.0916	11	0.1001	10	0.0824	14	0.0732	20	0.0732	20	上升
吉林	0.0766	16	0.0821	12	0.0765	17	0.1510	4	0.1510	4	上升
黑龙江	0.1934	1	0.2566	1	0.1740	1	0.1381	5	0.1381	5	上升
上海	0.1924	2	0.1399	6	0.1332	3	0.1651	2	0.1651	2	上升
江苏	0.0609	22	0.0680	18	0.0827	13	0.0864	13	0.0864	13	上升
浙江	0.0567	26	0.0573	24	0.0583	23	0.0710	21	0.0710	21	上升
安徽	0.0704	18	0.0566	25	0.0561	26	0.0568	25	0.0568	25	上升
福建	0.0545	27	0.0503	29	0.0563	25	0.0523	28	0.0523	28	下降

续表

省份	2001	排序	2003	排序	2005	排序	2007	排序	2009	排序	变动
江西	0.0579	25	0.0599	22	0.0595	22	0.0595	24	0.0595	24	上升
山东	0.0635	20	0.0563	26	0.0568	24	0.0644	22	0.0644	22	上升
河南	0.0716	17	0.0676	19	0.0819	15	0.0494	30	0.0494	30	上升
湖北	0.0489	30	0.0488	30	0.0490	30	0.0520	29	0.0520	29	上升
湖南	0.0491	29	0.0562	27	0.0554	28	0.0543	27	0.0543	27	下降
广东	0.0610	21	0.0749	14	0.0925	11	0.0734	19	0.0734	19	上升
广西	0.0538	28	0.0542	28	0.0559	27	0.0546	26	0.0546	26	上升
海南	0.0600	23	0.0718	16	0.0928	10	0.1036	10	0.1036	10	上升
重庆	0.0942	9	0.0719	15	0.0702	18	0.0860	14	0.0860	14	上升
四川	0.0855	14	0.0798	13	0.0627	20	0.0843	16	0.0843	16	下降
贵州	0.0860	13	0.1453	5	0.0980	8	0.1546	3	0.1546	3	上升
云南	0.1601	4	0.1524	4	0.0621	21	0.0621	23	0.0621	23	上升
陕西	0.0597	24	0.0590	23	0.0528	29	0.0882	12	0.0882	12	上升
甘肃	0.0844	15	0.0864	11	0.1096	6	0.1700	1	0.1700	1	上升
青海	0.1655	3	0.1641	2	0.1161	3	0.1212	7	0.1212	7	上升
宁夏	0.0692	19	0.0655	21	0.0812	16	0.0856	15	0.0856	15	上升
新疆	0.0919	10	0.1019	9	0.0995	7	0.1303	6	0.1303	6	上升

表3-4　2001—2009年偶数年省份基尼系数变动趋势

省份	2002	排序	2004	排序	2006	排序	2008	排序	变动
北京	0.6672	12	0.6858	14	0.7034	12	0.6805	12	上升
天津	0.6130	17	0.6622	15	0.6901	13	0.6764	13	上升
河北	0.5911	21	0.6394	20	0.6411	18	0.6605	17	上升
山西	0.7539	4	0.7983	2	0.8088	2	0.8345	1	上升
内蒙古	0.7049	8	0.7247	9	0.7050	10	0.6985	10	下降
辽宁	0.6362	15	0.6460	19	0.6296	19	0.6046	21	上升
吉林	0.7544	3	0.7796	3	0.7560	7	0.6888	11	上升
黑龙江	0.7279	7	0.7271	7	0.7818	4	0.7436	6	上升
上海	0.6083	19	0.6522	18	0.6531	17	0.6605	18	上升

续表

省份	2002	排序	2004	排序	2006	排序	2008	排序	变动
江苏	0.5723	24	0.6169	23	0.6210	20	0.6231	20	上升
浙江	0.5501	26	0.5535	27	0.5489	26	0.5525	25	上升
安徽	0.5425	27	0.5713	26	0.5789	24	0.5847	24	上升
福建	0.5595	25	0.5488	28	0.5252	29	0.4987	30	下降
江西	0.6138	16	0.6217	22	0.6051	23	0.5974	22	上升
山东	0.5106	30	0.5079	30	0.5117	30	0.5207	28	上升
河南	0.5384	28	0.5449	29	0.5372	28	0.5367	26	上升
湖北	0.5800	23	0.6593	16	0.6107	22	0.6253	19	上升
湖南	0.5335	29	0.5763	25	0.5452	27	0.5300	27	下降
广东	0.6099	18	0.6228	21	0.6207	21	0.5897	23	上升
广西	0.6573	14	0.6871	13	0.6819	14	0.6631	16	上升
海南	0.6584	13	0.6926	11	0.6796	15	0.7448	5	上升
重庆	0.7019	9	0.7029	10	0.7038	11	0.6725	14	上升
四川	0.5907	22	0.5802	24	0.5553	25	0.5103	29	下降
贵州	0.6877	11	0.6900	12	0.7127	9	0.7224	9	上升
云南	0.7523	5	0.7335	5	0.7481	8	0.7342	8	上升
陕西	0.6061	20	0.6550	17	0.6654	16	0.6664	15	上升
甘肃	0.6913	10	0.7293	6	0.7728	5	0.7701	4	上升
青海	0.8148	1	0.8201	1	0.8182	1	0.7710	3	上升
宁夏	0.7399	6	0.7267	8	0.7661	6	0.7417	7	上升
新疆	0.7605	2	0.7782	4	0.8082	3	0.7815	2	上升

81

　　由表3-3和表3-4可知,2001—2009年我国多数省份的制造业专业化水平呈逐渐上升的趋势,具体表现为:第一,除了内蒙古、福建、湖南、四川四个省份之外,其余各省份的专业化处于上升趋势。第二,各省份的专业化变动趋势都在相应的集聚水平变动,比如,山西、吉林等省份一直在较高集聚水平上继续上升,江苏、浙江等省份一直在较低集聚水平上继续上升。第三,长三角和珠三角省份的多样化集聚较强,如上海、江苏、浙江和广东;而东北及部分中西部地区

的专业化集聚较强,如吉林、辽宁、重庆、云南、青海、新疆等。其中,我们发现集聚度较高的省份具有以下两个特征:首先是自然资源禀赋丰富的省份集聚度较高,如东北三省以及山西、内蒙古等省份,这些内陆和边境省份主要是资源密集型产业的集聚地,包括非金属制品业、石油加工及炼焦业、化学纤维制品业等;其次是较为落后的中西部地区,如甘肃、贵州、新疆、云南等省份,这些省份的政府一般会倾向于支持少数几个行业,以云南为例,云南主要以烟草、医药等行业为支柱产业,因此云南的产业专业化程度较高。与之相对应,东部沿海地区的专业化水平却相对较低,如浙江、山东、江苏、广东等省份,这主要是因为这些省区主要为劳动密集型产业的集聚地,包括交通运输设备、电子及通信技术设备、电气机械及器材制造业等,同时东部沿海省份的大中城市中可以容纳产业的多样化集聚,如广东省就有电子信息、汽车、医药、纺织服装等多个行业集聚在这里,产业结构多元化使得地区专业化水平相对降低。

为了描述中国各区域产业集聚(产业专业化水平)的总体趋势,绘制了2001—2009年代表区域专业化程度的的赫芬达尔指数和空间基尼指数曲线,如图3-4所示。

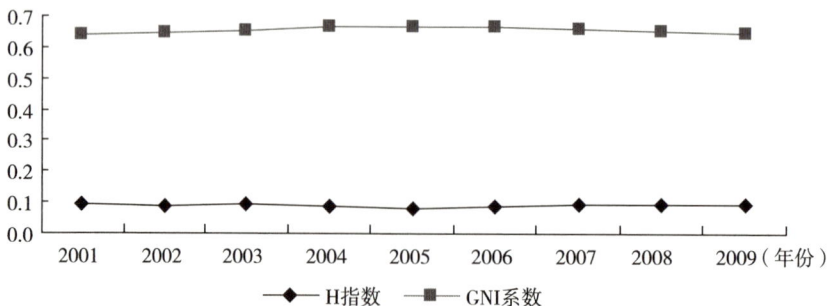

图3-4 2001—2009年中国30省份专业化程度的时间变化趋势

从宏观上看,区域赫芬达尔指数在0—0.1区间略有变化,空间基尼系数在0.6—0.7区间缓慢变化,这说明,我国各省份的产业专业化程度在 2001—2009 年间变动不大;从微观上看,2005 年以前,随着产业不断向沿海地区集聚,促进了沿海省份的专业化发展,区域专业化程度不断上升,2005 年以后,产业转型升级工作在全国范围内展开,产业结构呈现多元化趋势,专业化程度呈下降趋势,此时,区域的产业专业化程度依然呈"倒 U 型"曲线关系,与制造业行业集聚情况类似,在短短 9 年内,我国制造业的区域专业化水平也经历了一个生命周期。

为了更直观地观察各省份专业化程度,计算了去除西藏的 2001—2009 年 30 个省份平均空间基尼系数和赫芬达尔指数,见图 3-5。

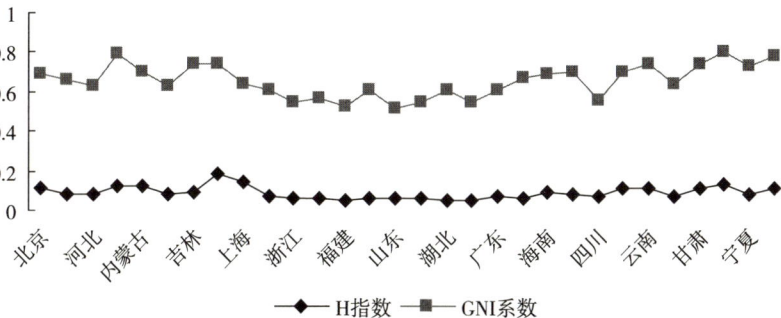

图 3-5 2001—2009 年平均省份基尼系数和赫芬达尔指数

图 3-5 中 GNI 代表平均省份基尼系数,H 代表平均省份赫芬达尔指数。图 3-5 表明无论是基尼系数抑或是赫芬达尔指数,2001—2009 年中国 30 个省份的产业专业化趋势基本相同。其中专业化水平较高的 5 个省份分别是青海、西藏、新疆、山西、宁夏,这几个省份处于中国的中西部地区,产业结构相对单一,随着市场化和全球化的发展,经历了大力发展资源密集型产业的过程;专业化水平较低的 5 个省份分别是山东、福建、河南、浙江、湖南,山东、浙江、福建等东部地区的多样化集聚影响了专业化集聚水平,而河南、湖南等中部地区并非是制造业的重要省区,并没有经历严格意义上的专业化,因此专

业化水平偏低。

总体看来,我国产业的专业化程度较高,即便是东部沿海地区的省份处于较低的专业化集聚水平,省份基尼系数也达到了 0.5 以上,中西部地区凭借自然禀赋优势使得产业以较高的集聚水平存在。可以预测,随着工业城市化进程的推进,珠三角和长三角两个制造业基地,由于经济增长方式转型和产业升级,可能会出现由多个专业化集聚组成的多样化集聚区域;而东北、中西部地区则凭借劳动力和自然资源优势发展资源密集型产业使得专业化程度越来越高,同时,沿海地区产业空间转移可能将植入其他产业集聚,从而也使中西部地区的产业呈现多样化集聚趋势。

第四节　环境技术效率的动态变化

一、制造业行业环境技术效率的动态变化

本章按照 2001—2008 年 GDP 实际增长率计算年平均增长为 10.45%,2020 年单位国内生产总值二氧化硫排放比 2005 年下降 40%—45% 计算得出每年排放总量减少 13.80%,两数值相除得到方向向量为 $g=(1,1.35)$。根据公式(3-8)的线性规划方法可算出 β 值,进而根据(3-9)式算出环境技术效率(用 ETE 表示),如表 3-5 所示。

表 3-5　各行业 2001—2008 年环境技术效率

行业	2001	2002	2003	2004	2005	2006	2007	2008	平均
13	0.73	0.76	0.74	0.89	0.87	0.84	0.93	0.94	0.84
14	0.59	0.58	0.58	0.58	0.58	0.58	0.61	0.61	0.59
15	0.58	0.58	0.58	0.58	0.58	0.59	0.59	0.61	0.59
16	1.00	1.00	1.00	1.00	1.00	1.00	1.00	1.00	1.00

续表

行业	2001	2002	2003	2004	2005	2006	2007	2008	平均
17	0.58	0.58	0.58	0.58	0.58	0.58	0.58	0.58	0.58
18	1.00	0.99	0.90	0.96	0.90	0.87	0.84	0.86	0.92
19	1.00	1.00	1.00	1.00	1.00	1.00	1.00	1.00	1.00
20	0.59	0.58	0.58	0.67	0.58	0.59	0.65	0.65	0.61
21	0.72	0.72	0.68	0.95	0.75	0.72	0.84	0.95	0.79
22	0.57	0.57	0.57	0.57	0.57	0.57	0.58	0.58	0.57
23	0.65	0.74	0.73	0.77	0.73	0.77	0.73	0.65	0.72
24	0.89	0.77	0.97	0.86	0.81	0.98	0.94	0.89	0.89
25	1.00	0.98	0.99	1.00	1.00	1.00	1.00	1.00	1.00
26	0.57	0.57	0.57	0.58	0.58	0.59	0.59	0.60	0.58
27	0.59	0.59	0.59	0.58	0.59	0.59	0.60	0.63	0.60
28	0.58	0.58	0.59	0.59	0.60	0.61	0.61	0.61	0.60
29	0.58	0.58	0.58	0.58	0.58	0.58	0.58	0.58	0.58
30	0.69	0.68	0.73	0.68	0.67	0.64	0.64	0.65	0.67
31	0.57	0.57	0.57	0.57	0.57	0.57	0.57	0.57	0.57
32	0.57	0.57	0.58	0.66	0.67	0.60	0.60	0.62	0.61
33	0.57	0.57	0.57	0.63	0.67	0.86	0.87	0.70	0.68
34	0.67	0.70	0.69	0.86	0.77	0.80	0.81	0.80	0.76
35	0.63	0.63	0.64	0.78	0.72	0.74	0.76	0.77	0.71
36	0.63	0.61	0.62	0.66	0.62	0.65	0.68	0.73	0.65
37	0.66	0.66	0.65	0.69	0.71	0.78	0.86	0.91	0.74
39	0.79	0.79	0.80	0.95	0.93	1.00	1.00	1.00	0.91
40	1.00	1.00	1.00	1.00	1.00	1.00	1.00	1.00	1.00
41	0.80	0.77	0.75	0.85	0.86	0.90	1.00	0.96	0.86
总计	0.71	0.70	0.71	0.75	0.73	0.75	0.77	0.77	0.74

表3-5表明,2001—2008年中国28个制造业的环境技术效率在逐年提高,这说明我国制造业在创造经济利润和进行环境污染治理方面同时取得了一定的成效,工业经济与环境向着更加协调的方

向发展。沿用涂正革对环境技术效率的分类,本书界定,制造业的环境技术效率处于(0.9—1)区间时为高环境技术效率产业,环境技术效率在(0.8—0.9)区间的行业为较高环境技术效率产业,环境技术效率处于(0.7—0.8)区间的制造业为环境技术效率较低产业,在(0.6—0.7)区间为低环境技术效率行业,环境技术效率0.6的制造业为环境技术效率极低行业。据此,高环境技术效率行业为6个,包括烟草制品业,纺织服装、鞋、帽制造业,皮革、毛皮、羽毛(绒)及其制品业,石油加工、炼焦及核燃料加工业业,电气机械及器材制造业,通信设备、计算机及其他电子设备制造业,在2001—2008年间这6个行业处于技术环境技术效率的最佳状态,无论采取何种环保节能策略,潜在的环境技术效率提升空间都将非常有限。较高环境技术效率的制造业行业包括农副食品加工业,文教体育用品制造业及仪器仪表及文化、办公用机械制造业,这3个行业在2001—2008年也保持了较好的环境与工业双赢发展的目标,基本实现了有效率的生产,这些产业可以通过小幅度调整技术组合来达到技术前沿。家具制造业、印刷业和记录媒介的复制、金属制品业、通用设备制造业和交通运输设备制造业为较低环境技术效率产业,这5个行业在一定程度上造成了环境污染,但是通过采取有效的措施,可望在短时期内改善目前的污染状况,从而提高环境技术效率水平。低环境技术效率产业包括木材加工及木、竹、藤、棕、草制品业,塑料制品业,黑色金属冶炼及压延加工业,有色金属冶炼及压延加工业,专用设备制造业5个行业,这些产业释放了较多的环境污染,使得环境与工业协调发展的目标实现难度加大,企业将承担更多的环境污染治理费用,增加了潜在成本,使"好产出"最大和"坏产出"最小的目标难以实现。在28个制造业中,环境技术效率极低的产业数目最多,包括食品制造业、饮料制造业、纺织业、造纸及纸制品业、化学原料及化学制品制造业、医药制造业、化学纤维制造业、橡胶制品业、非金属矿物制品业9个行业,约占全部制造业的31%。不难发现,环境技术效率极低的行业基本为劳动密集型产业,这类产业主要依靠低劳动成本进行大批量生产,通过高资源投入、高环境污染来实现规模经济的产生,而且产品价值处于价值链最低端,产业的经济总量效益和技术结构效益都偏低,最终导致环境技术效率水平低下。

根据 2001—2008 年环境技术效率的估算结果,我们计算了这 8年间的平均技术效率,并描述了环境技术效率的变动情况,如表 3-6所示。

表 3-6　各行业 2001—2008 年环境技术效率的动态变化

行业	平均环境技术效率	2001、2005年变动	2001、2008年变动	2005、2008年变动
13	0.84	0.14	0.21	0.08
14	0.59	−0.01	0.03	0.03
15	0.58	0.00	0.03	0.03
16	1.00	0.00	0.00	0.00
17	0.58	0.00	0.00	0.00
18	0.91	−0.10	−0.14	−0.04
19	1.00	0.00	0.00	0.00
20	0.61	−0.01	0.06	0.07
21	0.79	0.03	0.23	0.20
22	0.57	0.00	0.01	0.01
23	0.72	0.07	0.00	−0.08
24	0.89	−0.08	0.00	0.08
25	1.00	0.00	0.00	0.00
26	0.58	0.01	0.03	0.02
27	0.59	0.00	0.03	0.04
28	0.59	0.03	0.03	0.01
29	0.59	0.00	0.02	0.02
30	0.67	−0.01	−0.04	−0.03
31	0.57	0.00	0.00	0.00
32	0.61	0.10	0.05	−0.05

行业	平均环境 技术效率	2001、2005 年变动	2001、2008 年变动	2005、2008 年变动
33	0.68	0.10	0.13	0.04
34	0.76	0.10	0.13	0.03
35	0.71	0.09	0.14	0.04
36	0.65	−0.01	0.10	0.11
37	0.74	0.04	0.25	0.20
39	0.91	0.14	0.21	0.07
40	1.00	0.00	0.00	0.00
41	0.86	0.07	0.16	0.10

将 2001—2008 年以 2005 年为界分为两个时间段,分别为 2001 与 2005、2001 与 2008、2005 与 2008 三种变动情况,这样可以捕捉到不同时间段内环境技术效率的变化情况。2001 与 2005 年各行业的环境技术效率的变动幅度较小,但是有 6 个行业的环境技术效率呈下降趋势,10 个行业未变,12 个行业略有上升,这表明 2005 年各行业的环境技术效率与 2001 年相比提高幅度不大,部分行业具有下降的趋势,这可能是由于各制造业的总产量在不断增加,而环保投资和科技人员投入相对不足,导致环境污染得不到相应补偿造成的。2001 年与 2008 年的变动情况好于 2001 与 2005 年,环境技术效率呈下降趋势的行业只有两个,环境技术效率上升的行业中上升幅度大大增加,如交通运输设备制造业变动幅度高达 0.25,家具制造达到 0.23,农副食品加工业和电气机械及器材制造业的变动幅度也达到 0.21,这表明到 2008 年环境投资幅度加大、环保力度加强,环境技术效率得到很大提高。2005 和 2008 年的环境技术效率变动幅度不大,2005—2008 年间各个行业已经开始注重环境保护和资源节约并取得了成效。有趣的是,2001—2008 年高环境技术效率行业基本未发生变化,一直处于环境技术前沿,较高环境技术效率产业的环境技

术效率上升幅度较大,低环境技术效率产业呈现下降趋势,这说明我国制造业的环境技术效率有望得到提升,但是由于低环境技术效率和极低环境技术效率的行业所占比重很大,提高制造业环境技术效率的工作困难重重。

二、区域环境技术效率的动态变化

我国区域经济发展具有显著的不平衡性,经济实力、技术水平的不同,环保节能政策的不同,也使我国省际环境技术效率的发展水平不尽相同。因此,测算省际环境技术效率,研究不同省域环境技术效率差异,对于更好地发展制造业集聚、更好地制定经济与环境协调发展政策具有重大意义。

与环境技术效率的计算方法相同,按照 2001—2009 年 GDP 实际增长率计算年平均增长为 10.45%,2020 年单位国内生产总值二氧化硫排放比 2005 年下降 40%—45% 计算得出每年排放总量减少 13.80%,两数值相除得到方向向量为 $g = (1,1.35)$。根据公式 (3 - 8) 的线性规划方法可算出 β 值,进而根据(3-9)式算出区域环境技术效率(用 ETE 表示)(见表 3-7)。

表 3-7　各省份 2001—2009 年环境技术效率

	2001	2002	2003	2004	2005	2006	2007	2008	2009	平均
北京	0.65	0.67	0.73	0.77	0.85	0.91	0.97	0.99	1	0.84
天津	0.63	0.65	0.66	0.74	0.83	0.99	1	1	1	0.83
河北	0.58	0.59	0.6	0.62	0.66	0.68	0.79	0.91	0.86	0.70
山西	0.58	0.58	0.58	0.58	0.59	0.59	0.6	0.61	0.6	0.59
内蒙古	0.58	0.58	0.58	0.58	0.58	0.58	0.68	0.84	1	0.67
辽宁	0.59	0.6	0.6	0.63	0.63	0.67	0.74	0.83	0.89	0.69
吉林	0.6	0.61	0.62	0.63	0.63	0.64	0.74	0.77	0.84	0.68
黑龙江	0.6	0.61	0.6	0.61	0.62	0.63	0.63	0.66	0.63	0.62
上海	0.68	0.69	0.75	0.81	0.84	0.92	0.98	1	1	0.85

续表

	2001	2002	2003	2004	2005	2006	2007	2008	2009	平均
江苏	0.65	0.68	0.76	0.84	0.88	0.92	0.97	0.98	1	0.85
浙江	0.67	0.69	0.75	0.79	0.83	0.87	0.94	0.92	0.91	0.82
安徽	0.59	0.59	0.6	0.62	0.63	0.64	0.67	0.7	0.74	0.64
福建	0.63	0.66	0.67	0.72	0.76	0.81	0.87	0.9	0.85	0.76
江西	0.59	0.59	0.59	0.6	0.61	0.68	0.79	0.67	0.82	0.66
山东	0.61	0.63	0.65	0.75	0.86	0.89	0.95	0.99	1	0.81
河南	0.59	0.59	0.6	0.61	0.65	0.7	0.87	0.88	0.82	0.70
湖北	0.59	0.6	0.59	0.6	0.6	0.61	0.63	0.68	0.68	0.62
湖南	0.58	0.58	0.59	0.6	0.61	0.63	0.73	0.78	0.75	0.65
广东	0.66	0.69	0.76	0.88	0.95	0.98	1	1	0.99	0.88
广西	0.58	0.58	0.58	0.58	0.59	0.6	0.62	0.65	0.66	0.60
海南	0.61	0.61	0.63	0.62	0.63	0.65	0.89	0.91	0.92	0.72
重庆	0.58	0.58	0.59	0.6	0.6	0.62	0.66	0.68	0.73	0.63
四川	0.58	0.58	0.58	0.59	0.6	0.61	0.64	0.69	0.74	0.62
贵州	0.58	0.58	0.58	0.58	0.58	0.58	0.58	0.59	0.59	0.58
云南	0.59	0.59	0.59	0.59	0.6	0.62	0.64	0.66	0.65	0.61
陕西	0.58	0.58	0.58	0.58	0.59	0.59	0.62	0.62	0.67	0.60
甘肃	0.58	0.58	0.58	0.58	0.59	0.6	0.61	0.62	0.6	0.59
青海	0.6	0.6	0.59	0.59	0.59	0.59	0.6	0.66	0.63	0.61
宁夏	0.58	0.58	0.58	0.58	0.58	0.58	0.58	0.59	0.59	0.58
新疆	0.59	0.59	0.59	0.59	0.59	0.64	0.67	0.77	0.72	0.64
全国	0.60	0.61	0.63	0.65	0.67	0.70	0.76	0.79	0.80	0.69

表3-7测度的全国各省份环境技术效率,反映了在既定产出条件下,中国各省域"好产出"达到最大和"坏产出"实现最小的程度。数值越接近1,表明环境技术效率越高;数值越接近于0,说明环境技术效率越低。数值测算结果显示,2001—2009年间,30个省份的环境技术效率均有所提高,说明我国的工业与环境正在向更加和谐的方向发展。但是,在9年中,30个省份的环境技术效率均值仅为

0.69,处于较低水平,这又表明我国省域层面工业经济与环境污染之间的矛盾仍很尖锐,寻求环境与工业协调发展的有效路径已迫在眉睫。从单个省份来看,各省市的环境技术效率存在显著差异,其中广东、上海、江苏、浙江、北京、天津、山东在样本期间内环境技术效率的均值为 0.8 以上,这些省市均接近生产前沿面,代表了国内环境技术效率的较高水平;贵州、甘肃、宁夏、山西的环境技术效率则排在全国的后四位,均值处于 0.6 以下,这些省份来自中西部地区,技术条件差、环境污染治理能力不强,是环境技术效率亟待提高的重点地区。根据表 3-7 的测算结果,绘制我国东、中、西部的环境技术效率发展动态曲线图,见图 3-6。

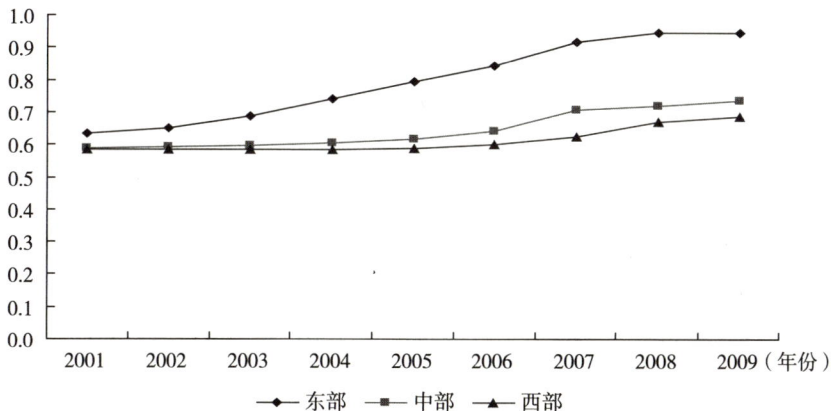

图 3-6　中国东、中、西部环境技术效率(2001—2009 年)①

根据图 3-6 可以看出,在 2001—2009 年期间,总体来看我国各地区的环境技术效率是呈现上升趋势的,但是东部地区的环境技术效率明显高于中部地区和西部地区,西部地区环境效率最低,中、西

①　根据人大会议对我国东部、中部、西部三个地区的划分,东部地区包括北京、天津、河北、辽宁、上海、江苏、浙江、福建、山东、广东和海南等 11 个省(直辖市);中部地区包括山西、吉林、黑龙江、安徽、江西、河南、湖北、湖南 8 个省(自治区);西部地区包括四川、重庆、贵州、云南、西藏、陕西、甘肃、青海、宁夏、新疆、广西、内蒙古等 12 个省(自治区、直辖市)。

部与东部地区的环境技术效率差距存在进一步扩大的趋势。形成这种发展态势的原因较为复杂：首先，东部地区具有优越的对外开放条件，外资引进和利用能力大，技术交流合作频繁，而相比之下，中、西部地区位于内陆，技术创新力不足，导致技术水平较为低下，生产发展滞后；其次，东部地区凭借其优越的地理位置和资源禀赋，吸引了大量的资金、能源、人才集聚，财力、物力、人力的不均衡分布从根本上抑制了中、西部地区环境技术效率的提高；再次，随着产业转移进行的加快，中、西部地区承接了东部地区的"高投入、高污染、高能耗"产业，而同时环境污染治理能力较弱，对环境技术效率的提高产生了重大的负面影响。

第五节　制造业集聚与环境技术效率的统计性描述

　　本章从行业和省际两个层面对制造业集聚和环境技术效率进行了测度，可以看出：第一，从产业集聚的发展趋势看，无论产业层面还是省份层面，2001—2009 年中国制造业集聚基本经历了一个完整的生命周期，集聚度呈"倒 U 型"曲线状。其中，集聚度较低的行业有集聚度继续升高的势头，而集聚度较高的行业则存在着集聚度停滞或下降的趋势。在不同区域中，中国制造业集聚水平无一例外地向纵深方向发展，东部地区的专业化水平相对较低，发展前景广阔，而西部地区的产业专业化水平相对较高，应掌握好产业集聚度在最佳规模内的提高。

　　第二，从行业环境技术效率测度结果看，2001—2008 年中国 28 个制造业的环境技术效率均在不同程度上得到了提高，这说明我国制造业在创造经济利润和进行环境污染治理方面同时取得了一定的成效，工业经济与环境向着更加协调的方向发展。但是我国的制造业集聚仍然以粗放型的生产方式为主，以劳动密集型为特征的制造业集聚主要通过高资源投入、大批量生产和高环境污染来实现经济效益,产业环境技术结构没有实现最优化,最终导致制造业整体环境技术效率水平偏低。

第三,从省际环境技术效率测度结果看,2001—2009 年中国省际环境技术效率在整体水平上也得到了一定程度的提高,表明我国各省市都在工业与环境协调发展方面作出了巨大努力,并取得了一定的成效。但是,由于我国制造业区域专业化存在较大差异,使得我国东部地区的环境技术效率远远高于中部地区和西部地区,这主要是因为东部地区凭借经济、技术、人力、资源优势使产业多样化集聚的外部性效应得到最大限度的发挥,促进了东部地区环境技术效率保持在较高水平,而东部和西部地区是我国未来提高环境技术效率水平的重点区域。

针对以上统计性分析,应实施如下战略:第一,加快制造业的转型升级,加大转变粗放型生产方式力度,通过新技术的使用和推广、人力资源水平的提升、创新知识的外溢促进制造业从大批量的低端生产向以精、细、柔、专为特征高端生产转变;同时依靠制定低碳、清洁的环境保护法规、制定环境污染标准化体系来加强环境治理力度、减少环境污染,最终实现工业经济与环境的协调发展。

第二,政府应积极认识各制造业集聚在生命周期中所处的阶段,积极引导环保节能人才、技术、资金向制造业集聚,利用全球亟待发展低碳经济的倒逼机制,培育以环保节能为特征,以低投入、高产出、低污染为主要发展模式的创新型绿色制造业集聚,使制造业集聚由粗放型、依赖型、被动型发展向专业化、集约化、绿色化发展模式转变。

第三,针对中国省际环境技术效率的差异,各级政府应该从战略高度统筹工业经济与环境的协调发展,建立长期有效的环保节能机制和制度,在加速东部地区环境技术效率水平提升的同时,中、西部地区的环境技术水平应快速追赶,努力实现东中西部地区环境技术效率水平得到齐头并进的发展。

第四章　中国制造业集聚与环境
技术效率的描述性证据

随着中国工业化进程与环境污染之间的矛盾日益尖锐,最大限度地增加经济利润、减少环境污染是在国内经济发展方式转变这场硬仗中攻坚克难的客观要求,更是中国经济在严峻的国内外形势和一系列风险挑战中寻找有效路径。近年来,中国各级政府在促进工业经济与环境协调发展方面作出了诸多重大举措,包括针对制造业集聚提出了坚持科学发展、集约发展、创新发展、协调发展的方针,颁布、落实了一系列相关政策,以解决我国制造业长期处于全球价值链低端、资源环境约束突出等困难。找到一条环境与工业协调发展、以绿色创新带动转型升级的路子,对中国经济的未来发展意义重大。

基于以上背景,我们拟对上一章测算的数据进行进一步分析,将制造业集聚与环境污染之间的关系、制造业集聚与环境技术效率之间的关系做一梳理,从数据上验证前两章基本理论:制造业集聚对环境污染及环境技术效率是具有重要影响的。同时,也为后续实证研究理论假说的提出提供了描述性证据,是全书承上启下的重要篇章。可以说,第三章和第四章一起构成连接理论基础与实证研究的桥梁。本章接下来的结构安排如下:第一部分是制造业集聚与环境污染在不同发展阶段表现出来的特征分析;第二部分是制造业的区域专业化水平在不同发展阶段的环境特征分析;第三部分分别从行业层面和省际层面将制造业集聚与环境技术效率进行了简单的拟合分析。

第一节 中国制造业集聚与环境污染的特征

一、制造业行业环境污染的特征

改革开放以来,环境与工业增长之间一直存在着悖论。为了能使环境与工业协调发展,我国政府作出了不懈努力。2006 年,《中华人民共和国国民经济和社会发展第十一个五年规划纲要》中明确提出了"十一五"期间单位国内生产总值主要污染物排放总量减少10%的约束性指标,这是我国力争构建和谐社会及落实科学发展观的重大举措。2007 年 6 月,各省市印发了《节能减排综合性工作方案的通知》,提出节能减排目标到 2010 年万元国内生产总值能耗由2005 年的 1. 22 吨标准煤下降到 1 吨标准煤以下。2009 年哥本哈根会议提出二氧化碳排放量比 2005 年降低 40%—45% 的目标,将节能减排工作作为经济社会发展的主要任务之一。随着经济社会的发展,产业集聚区成为人类活动最密集的区域,也是环境污染最严重的区域。产业集聚区的环境污染主要来源就是工业污染,不同行业污染中大气、固体废弃物和水污染程度见表 4-1。

表 4-1 2001—2009 年制造业各行业"三废"所占工业"三废"排放总量的比重

(单位:%)

行业	二氧化硫	降次排序	工业烟尘	降次排序	固体废弃物	降次排序	工业废水	降次排序
13	0.96	8	2.3	7	0.87	5	5.37	5
14	0.55	11	0.66	10	0.25	11	1.9	11
15	0.76	9	1.36	9	0.51	8	2.34	8
16	0.09	21	0.1	22	0.15	24	0.17	24

续表

行业	二氧化硫	降次排序	工业烟尘	降次排序	固体废弃物	降次排序	工业废水	降次排序
17	1.61	7	1.58	18	0.67	4	8.5	4
18	0.07	24	0.08	24	0.03	20	0.47	20
19	0.1	20	0.14	20	0.05	16	0.86	16
20	0.23	16	0.54	13	0.06	23	0.27	23
21	0.02	27	0.05	25	0	28	0.06	28
22	2.47	6	3.16	67	1.24	1	17.61	1
23	0.02	28	0.02	28	—	27	0.08	27
24	0.02	29	0.02	29	—	29	0.04	29
25	3.22	5	4.32	5	4.66	6	3.05	6
26	5.7	3	6.39	3	4.9	2	16.18	2
27	0.43	12	0.58	11	0.28	10	2	10
28	0.73	10	0.55	12	0.12	7	2.54	7
29	0.25	15	0.23	18	0.02	21	0.33	21
30	0.09	22	0.11	21	0.08	25	0.15	25
31	10.05	1	16.22	1	5.71	9	2.22	9
32	6.89	2	7.48	2	11.19	3	8.64	3
33	3.95	4	4.96	4	2.99	12	1.68	12
34	0.2	17	0.32	16	0.21	15	0.99	15
35	0.28	14	0.44	15	0.67	17	0.72	17
36	0.18	18	0.26	17	0.28	18	0.6	18
37	0.3	13	0.52	14	0.34	13	1.45	13
39	0.12	19	0.15	19	0.05	19	0.48	19
40	0.09	23	0.09	23	0.05	14	1	14
41	0.05	25	0.04	26	0.02	22	0.32	22
42	0.03	26	0.04	27	—	26	0.13	26
43	—	30	0.01	30	—	30	0.02	30

　　首先看代表大气污染的二氧化硫排放和烟尘排放指标,从各个产业排序来看,二氧化硫排放和烟尘排放占工业"三废"排放总量的

比重顺序变动不大。排名前五名的产业分别是非金属矿物制品业，黑色金属冶炼及压延加工业，化学原料及化学制品制造业，有色金属冶炼及压延加工业，石油加工、炼焦及核燃料加工的84%。例如，黑色金属冶炼及压延加工业在河北、辽宁、山东聚集度较高，石油加工、炼焦及核燃料加工业在辽宁比较发达并产生了集聚，山东的非金属矿物制品业、化学原料及化学制品制造业、有色金属冶炼及压延加工业等产值较大，这些行业是废气排放量较大的行业。尤其是中国进行城市化工业化过程中，工业排放的二氧化硫使我国东南沿海地区成为我国主要酸雨地区，危害自然环境、危及人身健康。当前发展中国家每年在工业化过程中排放的温室气体约为世界总排放量的一半，而其人口却占世界人口的85%（《2010年世界发展报告》），这说明世界85%的人正在遭受着环境污染带来的最大威胁。

其次看固体废弃物的排放情况。固体废弃物排放量占"三废"排放总量比重前五名的产业分别是造纸及纸制品业、化学原料及化学制品制造业、黑色金属冶炼及压延加工业、纺织业以及农副食品加工业。这些行业的固体废弃物排放了的危险废物极大地污染了地下水源，固体废弃物再焚烧会带来大量有害的大气悬浮颗粒，可能会危害江河湖海中的水生动植物。有数据表明，化学原料及化学制品制造业、黑色金属冶炼及压延加工业的危险废物排放量分别在危险废物排放情况中位居第一位和第四位，是应重点治理的行业。

最后看工业废水。由表4-1可知，工业废水排放量比重居前的行业是：造纸及纸制品业、化学原料及化学制品制造业、黑色金属冶炼及压延加工业、纺织业以及农副食品加工业。我们发现，工业废水与固体废弃物的排序是完全一致的。这些行业废水排放过程中包含的污染量很大。比如，化学原料及化学制品制造业所排放的石油类和氨氮污染物均居各行业之首。特别值得指出的是，我们发现工业废水污染源的分布很集中，占前5位的行业所排放的工业废水占总排放总量的61.96%，因此，我们必须加强产业集聚区域污水源的综

合治理。

综合"三废"污染情况来看,排名前五位的行业中,大多是重复占居污染最为严重的行业。如化学原料及化学制品制造业,黑色金属冶炼及压延加工业等,无论在废水、废气还是固体废弃物中都排在前五名中,纺织业、造纸及纸制品业分别是排进废水和固体废弃物排放的前五名。由此,我们认为,在"三废"中,取任意一种污染都可以很好地说明我国环境的污染情况。方便起见,我们选取具有统计数据连续性的二氧化硫作为环境污染指标,在本书的后续研究中,我们都以二氧化硫作为污染指标来进行研究。

二、制造业集聚的特征与环境污染

艾莉森和格莱泽(Ellison 和 Glaeser,1997)根据产业集聚度的大小划分了不同集聚等级,杨洪焦等(2008)参照此标准对中国制造业集聚划分成不同等级,即将所有样本的集聚度大致平均分成三个等份,记为高集聚度、中集聚度和低集聚度。我们将 30 个行业的 H 指数按照集聚度平均水平分为三类:按照 2001—2009 年 H 指数的将此排序,大于 0.14 集聚水平的为高集聚度产业,共 9 个;小于 0.81 集聚水平的为低集聚度产业,共 9 个,其他 12 个产业属于中集聚度产业,详见表 4-2。

表 4-2　中国 30 个制造行业的 H 指数及其平均集聚程度(2001—2009 年)

高集聚度		中集聚度		低集聚度	
行业	平均集聚水平	行业	平均集聚水平	行业	平均集聚水平
28	0.2196	39	0.1326	16	0.0811
24	0.1934	29	0.13	31	0.0796
40	0.1918	21	0.1293	14	0.0743
42	0.1739	30	0.1267	32	0.0738
41	0.1711	34	0.121	25	0.0687

续表

高集聚度		中集聚度		低集聚度	
17	0.1496	22	0.1082	37	0.0685
18	0.1448	35	0.1079	15	0.0662
19	0.1422	13	0.1026	27	0.0618
43	0.1413	23	0.1023	33	0.0583
		26	0.0897		
		20	0.0889		
		36	0.087		

如表4-2所示,30个制造业行业的H指数集聚度表现为两个特征:其一,高集聚度行业和低集聚度行业分界明显且持续不变。从2001年到2009年9年间,尽管各个行业集聚度有一定程度的波动,但从总体看来,高集聚程度产业和低集聚程度产业位置始终未变。文教体育用品制造业,化学纤维制造业,通信设备、计算机及其他电子设备制造业属于高集聚行业中集聚度较高的行业,在较高的集聚水平上其集聚度具有继续上升的趋势。有色金属冶炼及压延加工业、饮料制造业、黑色金属冶炼及压延加工业属于低集聚行业中集聚度较低的行业,在较低集聚水平上继续增强集聚度。其二,绝大多数行业集聚度趋于强化,处于下降趋势的行业基本为产业集聚度较高的产业。在我们分析的9年期间,集聚度表现为下降趋势的行业中,高集聚度行业占绝大多数,低集聚行业大多处于集聚度上升趋势,这与产业集聚的生命周期规律十分吻合。

按照各制造业的废气排放程度,将2001—2009年SO_2排放总量、烟尘排放总量和粉尘排放总量进行综合加权平均并排序,把30个制造业分为高污染行业、中度污染行业和轻度污染行业三类,为了与按照H指数进行分类的行业数目相对应,其中重污染行业9个,中度污染行业12个,轻度污染行业9个,如表4-3所示。

99

表4-3　中国30个制造行业的污染程度及分类（2001—2009年）

污染行业类型	行　业
重污染行业	农副食品加工业；饮料制造业；纺织业；家具制造业；文教体育用品制造业；石油加工、炼焦及核燃料加工业；塑料制品业；非金属矿物制品业；黑色金属冶炼及压延加工业
中度污染行业	食品制造业；纺织服装、鞋、帽制造业；皮革、毛皮、羽毛（绒）及其制品业；化学原料及化学制品制造业；医药制造业；有色金属冶炼及压延加工业；金属制品业；通用设备制造业；专用设备制造业；交通运输设备制造业；电气机械及器材制造业；废弃资源和废旧材料回收加工业
轻污染行业	烟草制品业；木材加工及木、竹、藤、棕、草制品业；造纸及纸制品业；印刷业和记录媒介的复制；化学纤维制造业；橡胶制品业；通信设备、计算机及其他电子设备制造业；仪器仪表及文化、办公用机械制造业；工艺品及其他制造业

根据表4-2和表4-3，我们将30个制造业分为九类，分别是高集聚低污染、高集聚中度污染、高集聚高污染、中度集聚低污染、中度集聚重度污染、中度集聚高污染、低集聚低污染、低集聚中度污染、低集聚高污染。对于上述30个制造行业集聚与大气污染的事例，列表如表4-4所示。

表4-4　制造业集聚与环境污染分析

	低污染	中度污染	高污染
高集聚	化学纤维制造业；通信设备、计算机及其他电子设备制造业；仪器仪表及文化、办公用机械制造业；工艺品及其他制造业	纺织服装、鞋、帽制造业；皮革、毛皮、羽毛（绒）及其制品业；废弃资源和废旧材料回收加工业	纺织业；文教体育用品制造业
中度集聚	木材加工及木、竹、藤、棕、草制品业；造纸及纸制品业；印刷业和记录媒介的复制；橡胶制品业	金属制品业；通用设备制造业；专用设备制造业；电气机械及器材制造业	农副食品加工业；家具制造业；石油加工、炼焦及核燃料加工业；塑料制品业
低集聚	烟草制品业	食品制造业；化学原料及化学制品制造业；医药制造业；有色金属冶炼及压延加工业；交通运输设备制造业	饮料制造业；非金属矿物制品业；黑色金属冶炼及压延加工业

我们发现产业集聚度较低的行业一般处于中度污染和高污染层面,低集聚、低污染的产业只有烟草制品业 1 个行业;中集聚度的行业则分布较多,在不同的污染组中分别有 4 个行业,这说明,我国产业集聚度处于中等水平的产业污染水平和污染程度较为复杂;高集聚度的行业则表现为低污染产业多于高污染产业。因此,从总体看来,我们可以初步判断低集聚度的产业污染较高,高集聚度的产业污染较低,而中集聚度的产业的环境问题较为复杂。

具体来说,高集聚低污染行业为技术密集型产业,这些行业采用先进、尖端的科学技术进行生产,机械化、自动化程度高,资源消耗低,附加值高,污染排放少,因此无论从经济效益还是从环境保护角度来看,政府都愿意大力支持这些产业的发展。同时,发展技术密集型产业有利于发挥科技人才作用、有利于推广新科技成果、有利于实现低碳经济,因此吸引大量产业向集聚区集中,从而实现了高集聚低污染的产业及环境特征,高新技术园区就具有这样的特点。

高集聚中度污染和高度污染的行业均为劳动密集型产业,这些行业依靠大量劳动力进行生产,对技术和设备的依赖程度低,在资金、技术等要素相对稀缺的发展中国家,劳动密集型行业多处于产业链的底端,靠高投入和高消耗创造生产价值,因此污染也比较大。我国是处于工业化中级阶段的发展中国家,劳动力资源丰富,改革开放以来,温州模式、苏南模式、珠三角模式等极大地促进了区域经济发展,劳动密集型产业对我国的乡镇工业的发展作出了巨大贡献。近年来,随着环保呼声加强,我国正积极进行产业结构调整,争取将我国劳动密集型产业由"中国制造"向"中国创造"迈进,在创造高附加值的同时减少污染排放。但这将需要很长一段时间来完成。

中集聚度低污染的行业包括木材加工及木、竹、藤、棕、草制品业,造纸及纸制品业,印刷业和记录媒介的复制,橡胶制品业。这些行业主要为资本密集型和劳动密集型产业,集聚水平处于中等水平,废气排放较少。需要指出的是,由于我们环境污染的分类标准是按

照废气排放水平来分类的,因此从整体污染水平来看可能存在偏差,比如造纸及纸制品业的废水和固体废弃物污染是极其严重的,因此将该行业归入低污染行业有失偏颇。中集聚度中度污染和高污染的行业基本为资源密集型和劳动密集型行业。以石油加工、炼焦及核燃料加工业为例,其主要集中在黑龙江等资源丰富的省区,能源消耗量大,排放高,是产业集聚区重点污染治理的行业之一。

低集聚低污染的行业是烟草制品业,烟草制品业为资源密集型行业,由于对资源的依赖,多分布在烟草生长的贵州、云南等省份。低集聚低污染的行业在制造业中仅有 1 个,这在一定程度上说明,若没有发生集聚则不会产生大量污染。

低集聚中度污染和高污染的行业多为消费密集型产业,如医药、饮料、食品、交通运输等行业在全国省区的分布较为均匀,但由于这些制造业技术水平偏低、投入大、生产分散、生产规模小,具有高投入、高消耗、高排放的特征。以医药行业为例,医药产业被称为健康产业,而环境污染严重却悖于行业发展初衷,2010 年环保部表示,制药行业已被列入国家环保规划重点治理的 12 个行业之一,对制药行业环境污染的监管将会越来越严格。

三、制造业集聚与环境污染的宏观考察

一般来说,产业集聚度高的地区通常是经济发展最具活力的地区,也是对经济总量贡献最大的地区,同时,这些集聚地区的污染总量也较大。然而,虽然我国产业集聚地区的污染总量随着集聚度提高而增大,污染强度却是逐渐下降的,见图4-1。

图4-1显示的是30个制造业的集聚程度(赫芬达尔指数)、二氧化硫平均排放量和二氧化硫平均排放强度的变化情况。显然,2001—2007 年30个制造业二氧化硫平均排放总量缓慢上升,而平均排放强度呈大幅度下降趋势。这是因为,规模经济带来的环境污染总量在升高,且从中国城市工业化的发展阶段来看,污染总量的增

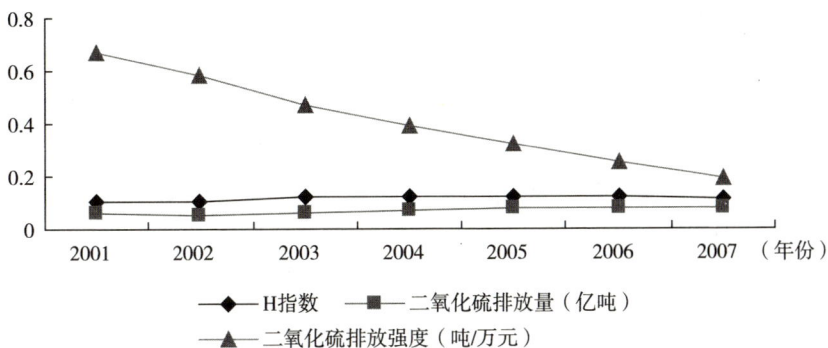

图 4-1 中国制造业集聚与二氧化硫排放趋势图（2001—2007 年）

加将在一段时间内持续下去。但是随着环保、节能技术不断创新,新能源利用范围逐渐广泛,环境规制压力逐渐加大,污染强度在不断下降,即生产每万元产值产品过程中二氧化硫排放量在不断下降。从产业集聚变化趋势与二氧化硫排放量、排放强度的关系来看,产业集聚与二氧化硫平均排放量呈平行上升趋势,而与二氧化硫平均排放强度形成"剪刀差",即随着集聚的增加,污染排放仍在继续,但是排放强度下降表明了污染排放经过一段时间有望得到遏制。这表明,产业集聚可能在带来污染排放总量的同时,由于其带来的经济增长速度更快,最终使污染强度降低,这就是我们所期望得到的环境与工业协调发展的目标。

由以上分析可知,在产业层面,随着产业集聚度的升高污染总量增加,但污染排放强度下降,这说明产业集聚一定程度上是能够促使环境与工业协调发展。随着产业的赫芬达尔指数缓慢上升,二氧化硫排放量呈上升趋势而二氧化硫排放强度则趋于下降的趋势,我们可以初步判断,中国制造业的产业集聚度与废气排放总量正相关,与排放强度负相关。从行业特征看,家具、纺织服装、石油加工、炼焦及核燃料加工、仪器仪表及文化、办公用机械制造业等行业受资源和人才需求的限制,集聚度较高,产生的废气污染也不断增高,同时由于

近年产业结构转型与升级取得了巨大进步,使每百万元产值排放的废气强度不断下降。而对于一些需求弹性小、需求量大的食品制造业、饮料制造业、医药制造业、交通设备制造业等产业的集聚度随时间的推进而处于下降的趋势,这些行业的废气排放量增加得缓慢,但由于环境规制越来越严格,加之产业的附加值不断增加,使得废气排放强度也处于不断下降的趋势。

第二节　中国产业区域专业化与环境污染的特征性事实

一、我国区域环境污染的特征

由于我国区域发展不平衡、资源禀赋不同以及环境治理能力等方面的差异,我国各区域的环境污染情况表现出很大差异。我们将30个省份工业二氧化硫排放量、工业烟尘排放量和工业粉尘排放量综合的平均值作为区域污染的指标,并进行排序。将工业废气排放总量均值排名前十位的省份作为污染程度高的省份,排名后10位的作为污染程度低的省份,排名位居中间的10位看作是中等污染的省份,如表4-5所示。

表4-5　2001—2009年30个省份工业废气排放总量均值

(单位:万吨)

省份	工业二氧化硫排放量	工业烟尘排放量	工业粉尘排放量	平均	排序	污染程度
北京	9.84	2.60	3.25	5.23	29	低
天津	21.24	6.62	1.60	9.82	27	低
河北	118.47	48.24	61.19	75.97	4	高
山西	105.55	73.70	56.83	78.69	2	高
内蒙古	107.13	39.10	39.22	61.82	6	高

续表

省份	工业二氧化硫排放量	工业烟尘排放量	工业粉尘排放量	平均	排序	污染程度
辽宁	82.80	42.61	35.61	53.67	11	中
吉林	26.40	24.88	10.58	20.62	23	低
黑龙江	35.38	38.07	11.40	28.28	19	中
上海	32.68	5.16	1.25	13.03	26	低
江苏	114.48	33.88	28.82	59.06	7	高
浙江	71.93	16.85	25.89	38.22	13	中
安徽	45.36	21.27	35.53	34.05	16	中
福建	34.34	8.70	17.01	20.02	24	低
江西	44.97	16.78	30.28	30.68	18	中
山东	152.26	40.87	43.19	78.77	1	高
河南	115.37	60.38	56.23	77.33	3	高
湖北	56.45	23.01	30.04	36.50	15	中
湖南	68.12	35.81	66.16	56.70	9	高
广东	109.73	22.05	29.56	53.78	10	高
广西	84.30	40.17	46.10	56.86	8	高
海南	2.20	0.88	1.10	1.39	30	低
重庆	62.97	11.41	19.08	31.15	17	中
四川	102.45	52.59	33.59	62.88	5	低
贵州	70.04	22.22	19.02	37.09	14	中
云南	39.29	14.29	12.06	21.88	22	低
陕西	72.15	23.94	28.20	41.43	12	中
甘肃	42.20	10.86	12.79	21.95	20	中
青海	8.61	4.56	7.02	6.73	28	低
宁夏	27.37	9.17	8.75	15.10	25	低
新疆	35.50	14.49	15.78	21.92	21	高

　　表4-5表明,在污染程度低的区域中,包括两类:一类是东部沿海地区的发达省份,如北京、天津、上海、福建等,这些省市环境规制严格,具有较强的环境治理能力,居民对环境要求水平高,且高新技

术产业正在逐步取代传统高投入、高消耗、高污染产业;一类是中国西部地区,如青海、宁夏等,这些地区工业发展较为落后,环境污染水平不高,自然资源环境较少被破坏,因此能够在一定程度上保持青山绿水。在污染程度高的区域中,也包括两类:一类是东部沿海地区的发达省份,如广东、江苏等,这些省份以传统加工制造业为主,尤其是广东自改革开放以来就以"三来一补"产业为主,使粗放型的生产方式带来大量的环境污染成为必然;另一类是河北、山西等资源密集型区域,这些地区拥有大量资源,资源密集型产业带来大量污染。

二、区域专业化水平与环境污染的宏观窥探

从区域来看,我国产业专业化程度与二氧化硫的排放量呈负相关的关系,即专业化程度越高,二氧化硫的排放量将随之减少,如图4-2所示。

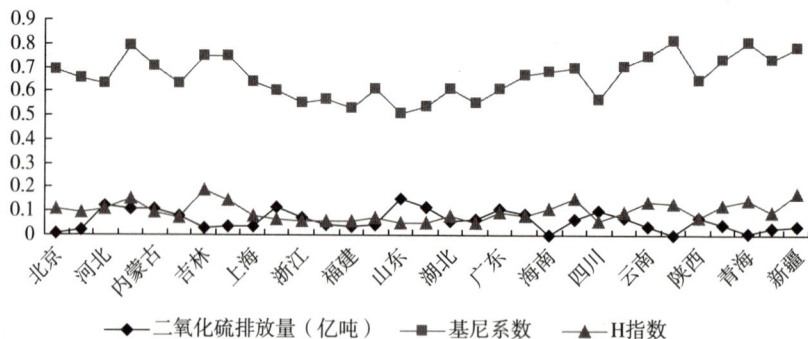

图4-2 中国省区专业化程度与二氧化硫排放趋势图(2001—2009年)

从图4-2可以看出,省区的基尼系数和赫芬达尔指数呈相同的变化趋势,而各地区的二氧化硫排放量曲线的变化趋势与专业化程度曲线相反。专业化程度较高的山西、吉林、重庆等省区,二氧化硫的排放量相对较少,而专业化水平不高的江苏、山东、广东等省份,二氧化硫的排放量却相对较高。这表明,我国较为发达的东部地区专业化水平较低,但是却以其高度的多样化集聚吸引了大量的资金、人

才等资源,不断扩大的规模经济带来了扩大化生产,由此也必然消耗更多的资源并排放更多的废气。与之对应,我国的中西部地区正在经历专业化过程,近年来产业转移使中西部地区成为污染产业的承接地,因此,即便目前中西部地区的污染排放总量低于东部地区,但是未来将有污染"西进"的危险。

从各行业的省际分布趋势看,东部沿海地区的行业集聚度偏低,但是污染总量大,如服装皮革、纺织等劳动密集型行业及电子通信技术密集型行业大多分布在江苏、浙江、山东、上海等人才和资金密集的省市。家具制造业、石油炼焦等资源密集型行业多集聚在东北工业基地,这些行业在 2003 年之前污染总量集聚上升,但从 2003 年开始,污染总量增加速度放缓,同时污染排放强度不断下降。特别需要指出的是,随着产业转移进程的加快,东部沿海地区的一些污染密集型产业,如陶瓷产业逐步向中西部地区转移,这样就将污染转移给了中西部地区。而也有少数本在中西部地区具有优势的食品制造业、专用设备制造业等行业的市场份额逐渐被广东、江苏等省区占有,这些行业的废气排放也就随之被分散。

第三节　中国制造业集聚与环境
技术效率的简单拟合

一、行业层面制造业集聚与环境技术效率的拟合

为了更好地观察制造业集聚与环境技术效率之间的关系,我们根据行业环境技术效率的测算值以及各行业产业集聚情况,先绘制总体趋势图,如图 4-3 所示。

图 4-3 描述了中国 30 个制造业行业 2001—2008 年平均环境技术效率、赫芬达尔指数和基尼系数的趋势拟合情况。可以看出,代表产业集聚的赫芬达尔指数和基尼系数趋势基本一致,除个别行业外,

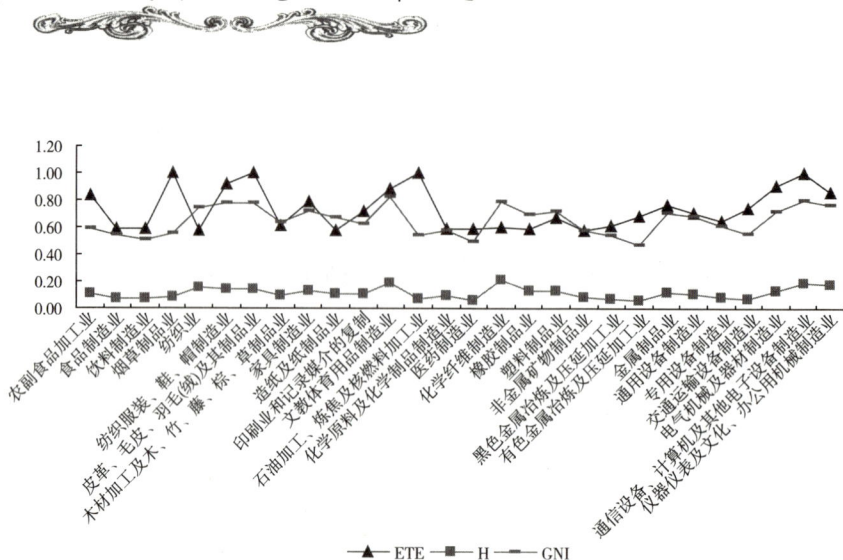

图4-3 2001—2008年平均环境技术效率、赫芬达尔指数和基尼系数的趋势拟合

它们与环境技术效率的趋势也基本相同,制造业集聚度越高的行业,其环境技术效率也越高;制造业集聚度越低的行业,其环境技术效率也越低。

根据制造业各行业的差异性,我们分别描绘了几个有代表性的制造业行业环境技术效率与产业集聚度的拟合图,将拟合图分为两组,一组是制造业集聚与环境技术效率的发展趋势基本一致的拟合图,另一组是制造业集聚与环境技术效率呈交叉状的拟合图,以此发现制造业集聚与环境技术效率之间拟合关系的一般规律,为后面的政策分析提供参考,分别如图4-4与图4-5所示。

从各制造业行业代表产业集聚的基尼系数和代表环境与工业协调发展的拟合图看来,可以将这些行业分为两类。第一类是产业集聚与环境技术效率的发展趋势基本一致,包括四个行业:饮料制造业,烟草制品业,纺织业,皮革、毛皮、羽毛(绒)及其制品业,这四个行业属于劳动密集型产业,不论处于低集聚水平的饮料制造业和烟草制品业,还是处于高集聚水平的纺织业和皮革、毛皮、羽毛(绒)及其制品业,它们的环境技术效率都随着集聚度的不断增强而提高。第二类是由于制造业的集聚度水平波动较大,使得产业集聚与环境

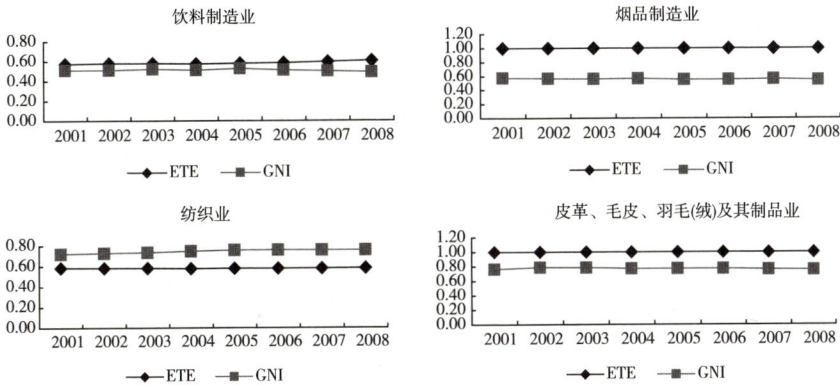

图 4-4　2001—2008 年产业集聚与环境技术效率的发展趋势基本一致的拟合图

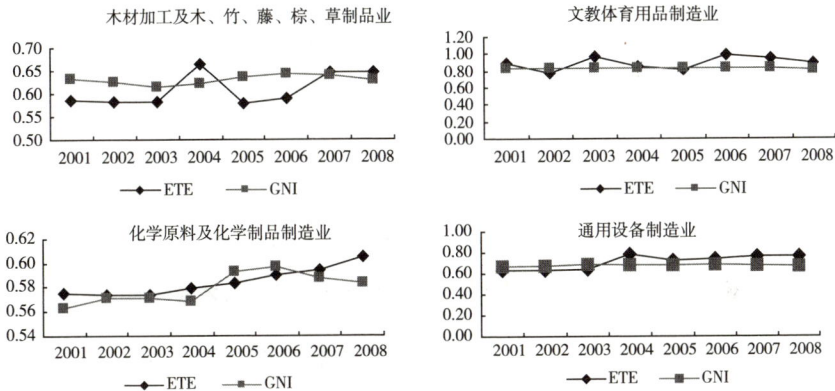

图 4-5　2001—2008 年产业集聚与环境技术效率呈交叉状的拟合图

技术效率的曲线呈现交叉状,如:木材加工及木、竹、藤、棕、草制品业,文教体育用品制造业,化学原料及化学制品制造业,通用设备制造业。但是总体来说,目前我国制造业各行业呈现出随着产业集聚度的提高环境技术效率随之提高的状态,产业集聚极大地促进了环境与工业的协调发展。

二、区域层面制造业集聚与环境技术效率的拟合

为观察中国省份环境技术效率与区域环境技术效率拟合关系的

109

总趋势,我们将中国 30 个省份 2001—2009 年平均环境技术效率与代表产业集聚度的赫芬达尔指数的趋势整合在一个平面,如图 4-6 所示。

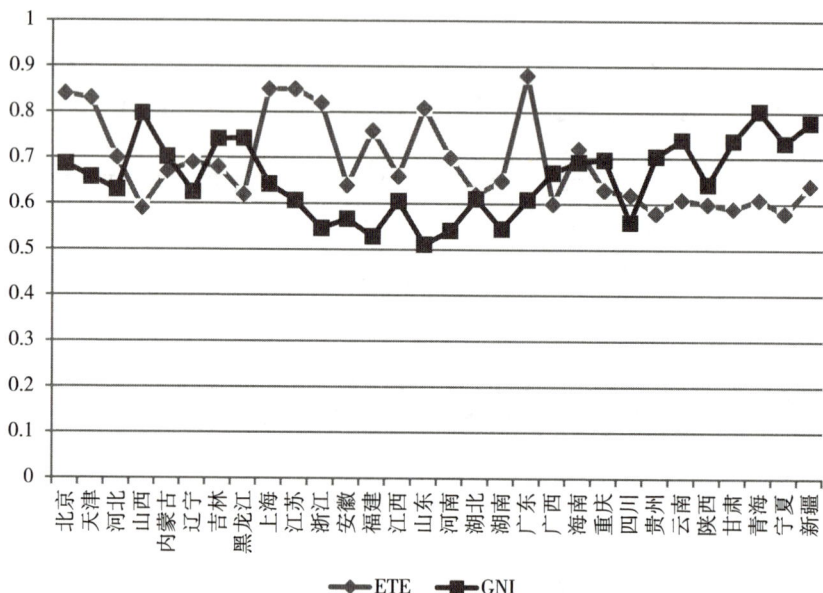

ETE ■ GNI

图 4-6 2001—2009 年中国 30 个省份产业集聚与环境技术效率的拟合图

图 4-6 可以看出,制造业区域集聚度较低的省份,环境技术效率较高;制造业区域集聚度较高的省份,环境技术效率较低。这一拟合结果与上一章中产业集聚与环境污染之间的关系基本吻合。我们将 30 个省份按照环境技术效率和基尼系数分别从高到低进行排序,发现东部沿海地区的广东、江苏、上海、天津、浙江、山东、福建、辽宁等省市属于集聚度低、环境技术效率高的省份;而青海、贵州、甘肃、宁夏、广西、山西、重庆等中西部地区属于集聚度高、环境技术效率较低的省份。

图 4-7、图 4-8 和图 4-9 分别描述了中国东部、中部、西部地区产业集聚与环境技术效率之间的关系。从总体来看,我国东部地区基本属于低集聚度、高环境技术效率的区域;中部和西部地区为高集

聚度、低环境技术效率的地区。这一总体趋势表明，东部沿海地区经济实力雄厚、技术条件优越、国家政策宽松，不仅容易形成多样化的产业集聚而使产业的专业化水平呈现较低水平，同时也为节能环保提供了资金和技术支持而提高了环境技术效率。中西部地区产业结构大多以"高污染、高能耗"为主，经济发展水平、技术水平与环境污染治理能力与东部沿海地区有较大差距，因此，单一的产业结构带来的高集聚对环境技术效率的提高没有起到促进作用。

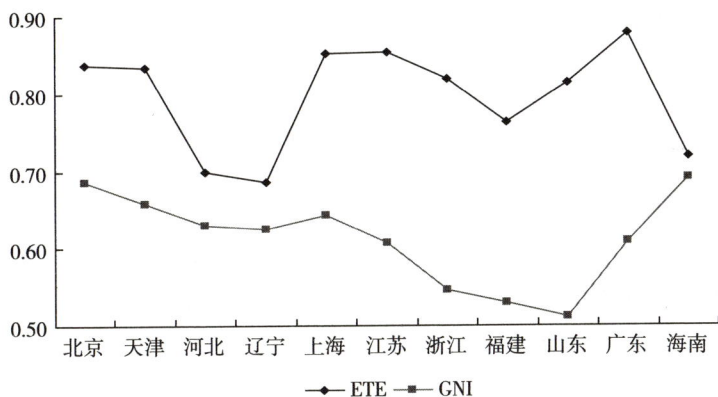

图 4-7　2001—2009 年中国东部地区产业集聚与环境技术效率的拟合图

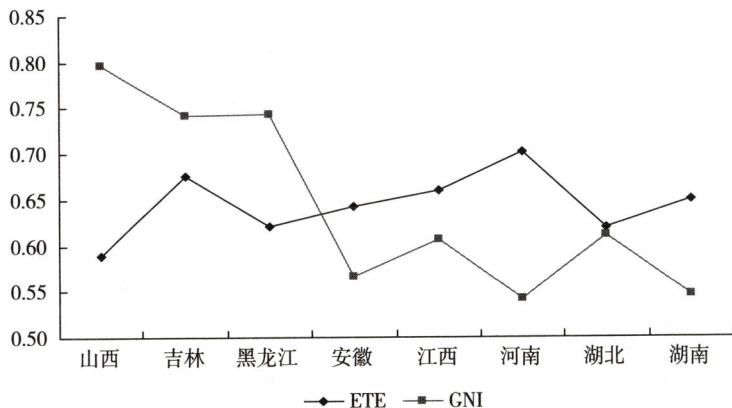

图 4-8　2001—2009 年中国中部地区产业集聚与环境技术效率的拟合图

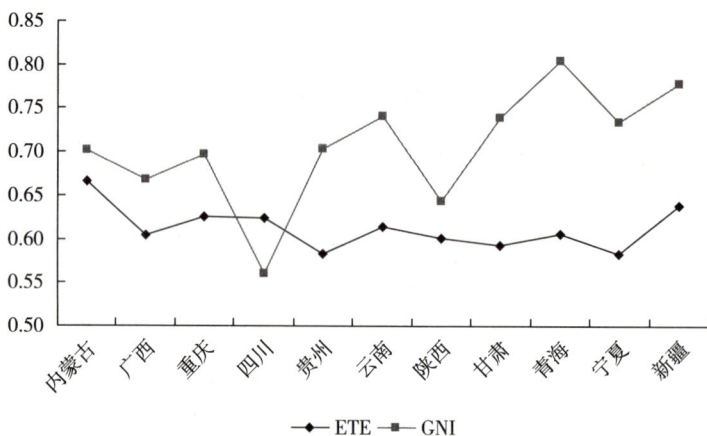

图 4-9　2001—2009 年中国西部地区产业集聚与环境技术效率的拟合图

图 4-7 中，广东、上海、江苏、浙江等省市的环境技术效率较高而产业集聚度却较低，说明在东部沿海的发达省市，除了经济效应高、技术水平高、环境污染治理能力高等因素极大地促进了环境技术效率以外，产业集聚的外部性优势更可能使"好产出"最大化而"坏产出"最小，进而对环境技术效率起到促进作用。

图 4-8 和图 4-9 表明，我国中、西部地区产业专业化程度较高，而环境技术效率却偏低，这说明中、西部地区的产业专业化程度过高一方面可能是由于产业结构趋同或产业结构单一化导致的，另一方面可能是产业集聚已经发展到了高级阶段。这样，产业集聚在环保节能方面的马歇尔外部性优势发挥能力有限，而雅各布斯外部性优势又无法形成，所以对环境技术效率的提高甚至起到了阻碍作用。

制造业集聚与环境技术效率的简单拟合，能够说明：首先，从环境污染的特征来看，环境污染程度与制造业集聚度有关。低集聚度的制造业污染程度较高，高集聚度的产业污染则相对较低，而中集聚度行业的环境问题较为复杂。在专业化水平较低的东部地区，北京、天津、上海、福建等省市的环境污染水平相对较低，广东、江苏等省份的环境污染则较为严重，虽然同是东部地区的省份，但其经济发展方式的不同是导致污染程度不同的主要原因。在专业化程度较高的中西部地区，如河北、山西等省份的污染程度较高，这与其资源密集型经济的发展方式直接相关，而青海、宁夏等省份由于制造业发展水平相对落后，自然资源破坏较少，相对来说环境污染并不严重。这表明，在不同行业和不同区域中，产业集聚对环境的影响存在差异。

其次，从产业集聚与环境污染的关系来看，中国制造业集聚地区的污染总量随着集聚度的提高而增大，但污染强度却在不断下降，这说明制造业集聚具备促进环境技术效率水平提高的能力和可能。省际的制造业专业化水平曲线与各地区的二氧化硫排放总量曲线呈剪刀差形状，表明专业化水平较低的省域污染总量较大，这需要在后续研究中从经济效益和环境效益两个方面考察集聚对环境技术效率的影响。

最后，从制造业集聚与环境技术效率的简单拟合关系来看，制造业行业环境技术效率与产业集聚的拟合趋势基本相同，即产业集聚度高的行业，环境技术效率较高；产业集聚度低的行业，环境技术效率较低。区域层面的省际环境技术效率与制造业地区专业化的拟合则相对复杂，我部地区基本属于低集聚度、高环境技术效率的区域；中部和西部地区为高集聚度、低环境技术效率的地区，这需要从产业集聚生命周期的不同发展阶段给予合理的解释。

基于上述结论，本书认为决策者应该作出如下考虑：

第一，政府既应明确产业集聚与环境污染之间的关系，又应千方百计地促进集聚对环境影响的正外部性优势的发挥。加强联合环保节能行动的实施，探索建立优势互补、利益共享、风险共担的环保创新模式，发挥集聚内环保节能的共性技术创新功能，大力开展节能减排技术支持、环保设备和环保材料推广应用、环保核心技术攻关等工作，使制造业集聚提高环境技术效率的功能得到最大限度的发挥。

第二，针对制造业的不同行业及不同区域发展特征，在集聚内制定有针对性的环保节能政策。对专业化水平较高的地区应限制集聚

的无限扩大,对集聚发展度较低的区域则应积极促进产业向更高阶段发展。组织制定制造业集聚的技术路线图,在规划引导、绿色文化宣传、政策扶持等方面保证产业集聚以优化的产业结构、优化的资源配置发挥最大的外部性优势。

第三,在充分利用制造业集聚创造经济效益的同时,积极发挥制造业集聚的环境正效益,从产业集聚本身出发寻求环境与工业协调发展的路径。依靠制造业集聚经济正外部性和环境正外部性的发挥,提高经济效率、减少环境承载力,最终提高环境技术效率,使经济社会从"生活小康"向"环境小康"迈进。

第五章　中国制造业集聚影响
环境污染的实证检验

伴随着经济的快速增长,环境污染威胁着经济社会健康有序地发展,因此,经济社会与环境的协调发展一直都是各国政府的艰巨任务。面对环境问题的压力,全球各国都采取了行动,但由于各国国情不同,在环境问题的处理方法上也有不同。比如以美国为首的发达国家因担心节能减排会带来失业和市场竞争力的下降,在2009年年底的哥本哈根会议上不愿履行有约束力的减排协议,拒绝承担历史减排责任,但在新的金融危机拯救计划中,却将发展低碳经济和新能源经济作为未来经济的发展方向。中国政府表现出对内对外一致的积极应对态度,胡锦涛同志在联合国气候变化峰会上表明,中国将大幅度减少煤炭等一次能源利用比重,大幅降低二氧化碳排放;同时,在国内的节能减排行动中,2008年年底的4万亿元人民币总刺激投资中,38%的投资资金用于节能减排和生态工程等项目(陈诗一,2010)。然而,不管各国在处理环境问题的方式上具有怎样的异同,其根本目的都是希望能在实现经济增长的同时最大可能地治理环境问题,特别是在新一轮的全球产业结构调整和技术创新制高点的争夺战中,环境与工业协调发展无可厚非地成为各国经济结构调整和发展方式转变的内在要求。目前,中国正处于工业化中期阶段,工业进程不能放慢,环境污染和资源紧缺问题也必须得到缓解,因此,寻

求解决环境问题新的路径是紧迫而现实的问题。本章将从产业集聚的角度出发,试图发现产业集聚对环境污染产生的影响,目的在于了解产业集聚作为最具活力的空间组织形式,能否在促进产业和区域竞争力的同时,能够最大可能地减少污染、缓解环境环境问题。

改革开放以来,长三角、珠三角及环渤海等制造业集聚极大地提高了产业竞争力,促进了区域经济的迅速发展。但同时,制造业作为中国的主要实体经济部门消费了全国大部分能源,成为环境污染的主要来源,制造业集聚地也面临着由集聚的拥挤效应带来的资源、环境问题。面临工业经济增长和环境污染问题必须得到缓解的双重矛盾,各地区政府试图通过三种方式缓解工业经济发展与环境之间的矛盾:第一种是将大量污染密集型企业关闭。这种途径虽然切断了污染源,一定程度上解决了环境污染的问题,但是却带来了大量劳动力失业和市场竞争力的减弱,从而制约了工业经济的发展。第二种是将污染密集企业从产业集聚"中心"区转移到"外围"地区。这种方法只是暂时缓解了产业集聚地区的大气污染问题,由于污染的扩散性和流动性,区域的污染总量并没有减少,而且,污染产业的承接地通常是经济较为落后的地区,既没有足够的动力进行环境治理,也没有严格的法规对环境进行规制,反而使大气污染更为严重。第三种是试图将污染企业规划到园区中,统一进行环境规制,美中不足的是,这种做法使产业集聚地区的土地资源变得更为紧张,也减少了那些环保节能企业在园区落户的可能。因此,挖掘产业集聚自身的外部性潜力,研究产业集聚对环境污染的有利影响是促进工业增长、解决环境压力的有效途径。

在前两章进行理论铺垫及第三、四章统计性描述之后,接下来的三章将对产业集聚与环境技术效率之间的关系从三个不同的方面进行实证分析。本章将首先对产业集聚对环境污染的影响进行实证研究,目的有三个:第一,从环境技术效率的内涵可知,提高环境技术效率的实际意义在于要使工业增长增加和环境污染减少,研究产业集聚影响环境技术效率的实质就是要摸清产业集聚是否在促进工业增长的同时减少了环境污染。然而目前的理论研究中,产业集聚对工业增长的影响已经得到大量研究的证实,但是产业集聚对环境污染的影响还鲜被提及。因此,要研究产业集聚对环境技术效率的影响,首先要证明的是产业集聚对环境污染是否有影响,有怎样的影响,只有产业集聚对环境污染的影响是存在的,我们才能进一步论证产业集聚对环境技术效率的影响。第二,分别从制造业层面和省份层面明确产业集聚对环境污染的影响,可以全面地了解制造业集聚及区域专业化分工对环境的影响,进而初步判断产业集聚对环境技术效率会具有怎样的影响。第三,产业集聚对环境污染的实证分析是在产业集聚生命周期的分析框架下进行的,为产业集聚对环境技术效率的研究提供了分析框架和理论基础。同时,集聚对环境的影响也为产业集聚对环境技术效率影响提出的前提假设提供了初步分析和判断,是后续研究的基本前提。基于此,本章将采用中国 28 个制造业和 30 个省份 2001—2007 年的两个面板数据对产业集聚与大气污染之间的关系进行实证分析,旨在为后续研究提供理论基础和研究前提,为决策者在产业集聚的不同发展阶段制定节能减排政策提供参考。

第一节　制造业集聚不同发展阶段的
环境特征及理论假设

一、制造业集聚的阶段环境特征

克鲁格曼等人提出的新经济地理理论认为,产业集聚取决于向心力,产业分散则取决于离心力。当运输成本、产业关联和规模经济作为向心力成为产业集聚的主要力量时,产业集聚程度不断加深,当发展到一定程度拥挤效应随之产生,若拥挤成本高过了引向集聚的

向心力成本,产业开始趋于分散。这说明新经济地理理论承认产业集聚是有生命周期的。演化经济学理论认为集聚经济作为空间脉络中的历史性现象,具有产生、发展和衰落的过程。沿着这一路径,国内一些学者将产业集聚的生命周期与其相关的现实现象结合起来进行研究。范剑勇(2004)将产业集聚与地区间一体化过程联系起来,认为一体化水平从低级阶段向中级阶段挺进时,产业集中率上升;一体化从中级阶段向高级阶段上升时,产业集中率下降,并用长三角一体化案例证实了这一"倒 U 型"曲线的存在。傅十和、洪俊杰(2008)验证了不同规模企业在不同规模城市中的集聚经济类型。集聚产生之初,由于马歇尔外部性存在,会使专业化集聚倾向于集中在中等城市和大城市,随着集聚程度升高,大城市和特大城市的雅各布斯外部性发挥作用,多样化集聚出现,继而大城市和特大城市产业竞争力不断增强,加之非流动要素成本提高,竞争力较弱的企业会扩散到周边的大中城市,而使特大城市出现高度专业化集聚的现象。梁琦(2010)等人认为,中国不同省份的产业集聚与产业结构之间存在递增、下降及"倒 U 型"关系,其中呈"倒 U 型"关系的省份居多。

令人遗憾的是,这些文献都没有分析在集聚发展的不同阶段内环境的特征。事实上,产业集聚在不同发展阶段对环境带来的不同影响可在一些零散的文献中略见一斑。布莱特构建生态—经济模型分析了工业规模扩大导致的大量环境问题;弗兰克通过对欧盟 200 个城市集聚区的环境污染数据进行实证分析,结果表明,产业集聚的规模化与城市的大气质量具有显著的相关性;沃赫夫通过空间平衡模型分析了产业与环境污染之间的关系,认为工业的分布导致了产业集聚区的环境污染;于峰和齐建国(2007)利用 1990—2003 年的面板数据对开放经济下的环境污染问题进行了分解分析,实证结果表明经济规模扩大恶化了环境。我们从产业集聚不同发展阶段带来的不同污染问题出发,借助库兹涅茨"倒 U 型"曲线这一经济分析框架进行研究。为了描述产业集聚在不同阶段带来的不同污染问题,绘图如图5-1所示。

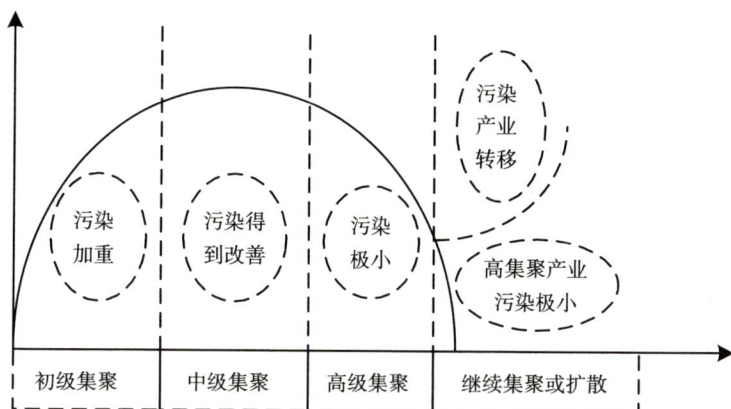

图5-1　产业集聚阶段及其环境特征

从图5-1可知,在初级集聚阶段,随着集聚程度加强,环境污染逐步加重,曲线呈现递增趋势;在产业集聚的中级阶段,随着集聚度的继续提高,环境外部性效应产生,环境问题得到缓解,曲线递减;当集聚发展到高级程度之后会出现产业消失、转移或继续高度集聚等情况,当拥挤效应产生,产业污染转移,那么可能会带来新的污染,因此污染曲线递增;当产业集聚度继续加强,高集聚产业可能因为集聚的环境正外部性使污染继续减少,但是这种情况因为产生的可能较小而忽略不计。因此,产业集聚在整个生命周期过程中与污染的关系并不是纯粹的倒U型,而是N型,并在集聚的每个阶段都呈现出不同的污染特征。

具体来说,在产业集聚的初级阶段,各产业只是为了争夺共同的市场而集聚在某一地区,因为投资于生产的成本低于环境治理的成本,为了实现利润最大化,企业不愿投入环保节能成本进行生产,难以形成环保节能的生态化路径。与此同时,不同产业的污染治理需要不同的治理设施和规制方法,政府治理成本增加使其没有足够的动力建立或完善环境规制,因此环境规制在这一阶段的作用并不明

119

显。另外,产业数量增加使生产规模扩大,必然导致污染排放总量增加,因此在集聚的初级阶段,污染随着集聚升高而增加。

当产业集聚发展到中级阶段,产业间网络化结构形成,环保知识和技术共享对环境污染起到抑制作用,新能源、新技术的初步应用降低了污染排放水平,环境质量得到改善。但在这个阶段,产业仍担心短期内增加环保节能投入会增加成本、带来竞争力下降,因此污染治理的压力主要来自环境规制、FDI企业的污染治理要求等外部力量,产业自身提高环境技术效率的动力不足。从这种特征出发,中国目前集聚水平和污染程度符合这一阶段特征。

当产业集聚发展到高级阶段,产品市场逐步稳定,高度专业化集聚产生。除了环境规制之外,环保压力不仅来自产业之间、产业链之间竞争,还来自产业社会责任和社会形象的树立,因此产业开发新技术、利用新能源是解决环境问题的主要路径,这种路径的动力来自产业自身发展的需求。

但是,此时产业集聚过程并没有停止,随着非移动要素价格升高,拥挤效应使土地资源紧缺、污染排放形势严峻,这样可能导致两种结果:一种是存留下来的集聚产业同时具有生产规模经济优势和环境治理规模经济优势,从而以更有竞争力的集聚状态存在;另一种是环境污染破坏了集聚经济的优势,那些不适应环境承载能力的产业消失或发生转移,发生转移的产业又可能在产业承接地形成新的集聚,同时也产生了新的污染排放,此时污染排放和产业集聚的"倒U型"曲线发生改变,呈现"N型"趋势。

二、制造业集聚对环境污染存在影响的假设

基于以上对产业集聚不同阶段环境特征的论述,以及产业集聚与环境污染之间的相互影响、相互制约的关系,我们在产业集聚生命周期理论的框架下归纳提出三个理论研究假设。

假设1:产业集聚与污染排放之间存在着"N型"曲线关系。

假设2：中国制造业集聚处于中级集聚阶段，大气污染不断增加，但是已经得到一定程度缓解。

假设3：中国制造业大气污染缓解的途径主要来自于环境规制、FDI等外部因素，而不是来自产业自身节能减排的内在动力。

第二节　制造业集聚对环境污染的
影响：变量、数据与模型

一、制造业集聚影响环境污染的变量选取

本章研究制造业集聚与大气的关系，首先采用2001—2007年中国30个制造业的面板数据，然后再采用2001—2007年中国30个省份的制造业面板数据进行实证研究，原因有两点：理论上，各制造业和省份的样本数据包含了较多数据点，为实证分析带来更大的自由度，减少单独使用时序变量或截面数据的局限性。同时，产业集聚与环境污染之间的关系同时具有时序和截面维度特征，单个行业或单个省份的污染排放和集聚关系会随着产业集聚程度的变化而变化，而且由不同行业构成的制造业及由不同省份组成的全国的污染排放和集聚之间的关系存在一定差异。采用面板数据进行实证分析，能够更好地验证集聚程度变化对环境的综合影响。现实中，制造业是工业经济增长的主要载体，又是大气污染的主要来源，从产业层面分析制造业对大气污染的影响，能够较为深入地了解制造业对环境污染影响的程度和机制；从省际层面进行回归分析，是因为在我国的环保节能工作中各省市是实现"低投入、低污染、高产出"目标的主要责任方，省级政府不仅是环保节能政策的制定者，更是节能减排行动的贯彻者，监督环境污染、积极进行环境治理是节能减排工作的重中之重，在我国经济发展不平衡的条件下，各级地方政府有能力根据实情对行政区域内产业的节能减排工作进行统筹安排，因此从省份层

面观察产业集聚对环境技术效率的影响,能够为各级地方政府的节能减排工作提供政策指导。

计算产业集聚度时,采用"赫芬达尔指数"(简称"H指数"),赫芬达尔指数包括产业赫芬达尔指数和省份赫芬达尔指数,产业赫芬达尔指数描述的是产业集聚的程度,省份赫芬达尔指数表示的是一个区域的产业专业化程度,实质是在不同层面描述产业集聚度。

如前所述,赫芬达尔指数的具体公式如下:

$$H = \sum_{i=1}^{n} S_i^2 = \sum_{i=1}^{n} (x_i/X)^2$$

在测算产业赫芬达尔指数时,由于数据的可获得性,H指数根据历年各制造业的销售收入计算。其中,X代表全部产业总销售,x_i代表i产业的销售规模,n表示省份数。H指数越小,则产业集聚程度越小;反之,说明产业集聚程度越大。如果$H=1$,则意味着该产业销售收入集中在一个企业;如果$H=0$,则意味该产业有无数个规模相似的企业,类似于完全竞争市场的情况。数据由历年《中国工业企业数据库》和《中国统计年鉴》计算而得。在测算省份赫芬达尔指数时,X代表省内全部产业总销售收入,x_i代表省内i产业的销售收入,n表示省内的产业数目,本章选取30个制造业作研究样本,即$n=30$。H指数越小,则省内的各种产业的规模总体差距越小,省内各产业的份额越均匀,也就说明这个省的产业多样化程度越高;反之,说明省内产业规模之间的差距越大,产业的多样化程度越小,省内部分产业的份额就越大。如果$H=1$,则意味着该省只有一个产业,各产业的份额越接近,H越接近于零。由于数据的可获得性,本书H指数用历年各产业的销售收入计算,数据由历年《中国统计年鉴》计算而得。

在研究环境污染的实证文献中,较多的采用SO_2排放来衡量大气污染,这是因为因为SO_2作为大气污染物的主要成分,主要来源于煤炭、石油等大量燃烧含硫的化合物,在工业生产中排放较多,特别是自 20 世纪 70 年代以来，各国严密监测 SO_2 的排放水平，因此，SO_2 既与制造业发展密切相关，又具有统计连续性。本书在测量污染排放时，采用各个产业 SO_2 排放总量作为观察指标，以大气污染代表环境污染。SO_2 排放量数据由相应各期《中国环境年鉴》整理而得。

二、制造业集聚影响环境污染的实证模型

在格罗斯曼（Grossman，1991）模型的基础上，本章借鉴 EKC 简约式回归方程来分析制造业集聚度与大气污染之间的关系，构建计量模型如下：

$$Y_{it} = \alpha_i + \beta_1 x_{it} + \beta_2 x_{it}^2 + \beta_3 x_{it}^3 + \beta_4 Z_{it} + \varepsilon_{it} \tag{5-1}$$

$$Y_{it} = \alpha_i + \beta_1 y_{it} + \beta_2 y_{it}^2 + \beta_3 y_{it}^3 + \beta_4 \omega_{it} + \sigma_{it} \tag{5-2}$$

其中，Y_{it} 代表第 i 个行业或者 i 个省份在第 t 年的废气排放量；x_{it} 和 y_{it} 分别代表第 i 个产业或者第 i 个省份在第 t 年的产业集聚度（用 H 指数表示）；Z_{it} 和 W_{it} 分别代表影响大气污染的其他控制变量；α_i 为特定的截面效应，ε_{it} 和 σ_{it} 分别为随机误差项。模型估计结果存在以下几种情况：

（a）$\beta_1 > 0$，且 $\beta_2 = \beta_3 = 0$，制造业集聚与大气污染排放之间为正相关的线性关系；

（b）$\beta_1 < 0$，且 $\beta_2 = \beta_3 = 0$，制造业集聚与大气污染排放之间为负相关的线性关系；

（c）$\beta_1 > 0$，$\beta_2 < 0$ 且 $\beta_3 = 0$，制造业集聚与大气污染排放之间为"倒 U"型关系，拐点为 $y^* = \beta_1 / 2\beta_2$；

（d）$\beta_1 < 0$，$\beta_2 > 0$ 且 $\beta_3 = 0$，制造业集聚与大气污染排放之间为"U"型关系；

（e）$\beta_1 > 0$，$\beta_2 < 0$ 且 $\beta_3 > 0$，制造业集聚与大气污染排放之间为"N"型或"∼"型关系；

（f）$\beta_1 < 0$，$\beta_2 > 0$ 且 $\beta_3 < 0$，制造业集聚与大气污染排放之间为"倒 N"型或"⌒"型关系。

123

本章面板数据估计主要考虑变截距模型,即根据豪斯曼检验(Hausman 检验)的结果确定选用固定效应模型还是随机效应模型。如果 H 统计值大于临界值,则拒绝原假设。

第三节　制造业集聚对环境污染的影响:产业层面的实证

一、制造业集聚影响环境污染的初步估计

利用 2001—2007 年间我国 30 个制造业的数据对(5-1)式 SO_2 排放与产业集聚度的关系进行回归检验。在回归检验过程中,先后对 H 指数的平方项和立方项分别进行回归,根据 Adj-R^2、t 统计值和 F 统计检验判断是否存在三次曲线关系。若 H 指数与环境污染之间存在三次曲线关系,则对三次项进行估计;若不存在三次曲线关系,那么需要剔除 H 指数立方项,再对其平方项进行估计。对 SO_2 排放指标与 H 指数之间的关系进行估计,得到表 5-1 结果。

表 5-1　SO_2 排放指标与 H 指数的估计结果

污染排放指标	FE	RE
常数项	-145.677 (-4.947)***	-109.108 (-3.773)***
aH	31.122 (5.041)***	25.973 (4.338)***
aH2	-1.705 (-4.181)***	-1.532 (-3.837)***
aH3	0.301 (3.570)***	0.286 (3.448)***
拐点	0.156、0.221	—
Adj-R^2	0.965	—

续表

污染排放指标	FE	RE
F-statistic	168.683 (0.000)	—
Hausman Test prob	—	0.000
样本	208	208
形状	N 型	N 型

注:FE 代表固定效应模型,RE 代表随机效应模型, *** 、 ** 、 * 分别表示 1%、5%以及 10%的显著性水平,变量的估计结果中,括号内为 T 统计值,Adj-R^2 为调整后的 R^2,在 F-statistic 的列中,括号内为伴随概率 P 值。

由估计结果可以得知,制造业集聚与大气污染之间为"N"型关系,且 FE 和 RE 模型都支持这一结论。根据豪斯曼检验的结果,H 统计值小于临界值,则选取固定效应模型。固定效应模型回归结果可以表示为:

$$SO_2 = -145.677 + 31.122H - 1.705H^2 + 0.301H^3 \qquad (5-3)$$

显然,(5-3)式的估计结果表明存在着大气污染与产业集聚度 H 指数之间的"N"型关系,初步验证了假设 1。根据(5-3)式的估计结果可以计算出该"N"型曲线的两个转折点分别为 0.156 与 0.221。对于 H 指数低于 0.156 的制造行业而言,SO_2 排放量将随着人均 H 指数的上升而增加;一旦 H 指数突破了 0.156 的临界值水平,H 指数的继续上升将有助于减少 SO_2 的排放;当由 H 指数代表的产业集聚度继续升高,达到 0.221 临界点后,二氧化硫排放量会随着集聚度的升高而增加。

回归结果具有两点启示意义:第一,从我国各制造业的集聚程度来看,一部分制造业的 H 指数居于 0.156—0.221 区间,这说明,模型的初步估计只是部分地证实了我国制造业集聚处于中级集聚水平的假设。第二,在现实中,产业集聚的集聚程度与废气排放之间的关系是非常复杂的,我们有必要加入其他控制变量对二者关系进行回归检验,目的是:其一,检验(5-1)式估计结果的稳健性,即表 5-1 的估

计结果是否会随着控制变量的加入而发生变化,如果新的估计结果使污染排放与集聚曲线仍为"N"型,那么说明曲线关系是稳健的。然后考察曲线的两个转折点是否会发生移动,若发生移动,看其能否能够更好地证实假设2。其二,通过增加控制变量,考察影响其他因素对大气污染排放的影响,从而综合考察大气污染排放的决定因素,以观察制造业集聚的各个阶段中哪些因素对大气污染的影响作用更大。因此,我们对大气污染排放与集聚的曲线关系进行进一步估计。

二、制造业集聚影响环境污染的进一步估计

在已有文献的基础上,结合上述对产业集聚与大气污染排放之间的关系检验结果,本书在进一步估计中考虑产业规模、制造业增长、FDI、环境规制、能源耗费和技术进步在内的控制变量。其中,制造业增长、产业规模、技术进步被认为是影响污染的内在原因,FDI、环境规制和能源消耗是影响污染的外在原因。

1.制造业增长

工业生产活动必然会造成环境的改变。一直以来,我国的工业粗放型的经济增长方式没有得到根本转变,对自然资源的过度消耗导致环境污染日益严重,这说明工业快速增长意味着与环境污染相关的生产、消费活动增加,即工业发展对大气污染的排放具有正向作用。本书用工业增加值和工业增加值率来度量工业发展水平,其中,工业增加值可以更好地反映各行业的总体发展水平,单位为亿元,记为gdp;工业增加值率则可以较好地反映各行业的盈利水平,用各行业工业增加值与工业总产值的比来度量,记为gdpl,数据根据相应年份《中国统计年鉴》和《中国经济贸易年鉴》整理计算而得。

2.产业规模

新经济地理学理论认为,规模经济是促使产业发生集聚的主要因素之一,空间集聚的产业大多具有规模经济特征。但同时,规模经济也带来了大量资源、环境问题。事实上,大气污染—集聚曲线与产

业规模紧密相关:集聚程度越高,大量资本、劳动力和技术越易于被吸引到产业集聚区,规模效益对工业增长的促进作用越加明显,最终导致的污染排放也越多。本书用各行业的从业人员平均数与全国工业从业人员平均数的比来度量产业规模,记为 lab,数据来源于相应年份的《中国经济贸易年鉴》。

3.技术进步

技术进步对温室气体排放—集聚曲线的重要影响体现在三方面:其一,在产业集聚地区,由于技术溢出可能性的存在促进技术共享,一定程度上降低了技术投入成本;其二,集聚内部产业之间的竞争会促使企业增加对环保技术的研发投入,对环境污染起到积极作用;其三,技术进步有利于工业增长方式的转变和产业内部结构优化调整。基于此,本书用各行业全员劳动生产率来度量产业内部的技术进步,记为 tech,数据来源于历年《中国统计年鉴》各期。

4.FDI

"污染天堂假说"是指污染密集型产业通常倾向于在环境标准相对较低的地区发展(文献综述已做分析,这里不赘述)。本书用各行业外商资本和港澳台资本总和度量外商直接投资,记为 FDI,数据来源于《中国经济贸易年鉴》各期。

5.环境规制

将环境规制与 EKC 结合起来分析能够很好地衡量和说明环境规制的绩效。有学者运用 1982—1994 年间的 30 个国家数据分析环境政策对环境的影响,结果表明,环境规制能够显著减少二氧化硫排放,同时研究还发现,环境规制可以使 EKC 曲线变得扁平,从而减轻经济增长带来的环境代价(Panayoutou,1997)。本书利用各行业脱硫设施数度量环境规制效应,单位为套,记为 nums,数据来源于《中国环境年鉴》相应各期。

6.能源耗费

消耗能源是制造业发展的前提条件。在我国,高能耗、高排放是

工业发展的基本特征,能源消耗在制造业发展中发挥不可替代的作用,能源消耗必然会带来大量的环境污染。而随着能源利用效率的提高和新能源的替代,工业生产的环保压力会大大缓解。本书用能源消费强度来度量能源耗费水平,各行业的能源消费强度等于各行业的工业增加值与能源消耗总量的比,记为 ener,数据根据历年《中国统计年鉴》《中国贸易年鉴》《中国环境年鉴》计算而得。

对包括控制变量进行进一步实证检验时,仍然根据回归模型(5-1)进行回归,估计步骤同初步估计,结果见表5-2。

表 5-2　加入控制变量后的 SO_2 排放和产业集聚的估计结果

污染排放指标	FE	RE
常数项	−27.234 (−1.104)	0.033 (0.001)
aH	13.223 (2.720)***	7.589 (0.085)*
aH2	−7.892 (−2.444)**	−6.022 (−2.021)**
aH3	0.143 (2.135)**	0.133 (2.130)**
gdpl	−0.468 (−2.210)**	−0.717 (−4.039)***
ener	−2.149 (−3.352)***	0.476 (0.867)
gdp	0.005 (5.809)***	0.009 (10.803)***
FDI	−0.008 (−2.720)***	−0.019 (−6.714)***
nums	0.011 (2.683)***	0.013 (4.457)***
lab	−3.609 (−2.584)**	0.297 (0.248)
tech	0.087 (1.435)	0.050 (0.860)
拐点	0.129、0.238	—

续表

污染排放指标	FE	RE
Adj-R^2	0.981	—
F-statistic	275.734 (0.000)	15.722 (0.000)
Hausman Test prob	—	0.000
样本	208	208
形状	N 型	N 型

注:FE 代表固定效应模型,RE 代表随机效应模型,***、**、* 分别表示 1%、5%以及 10%的显著性水平,变量的估计结果中,括号内为 T 统计值,Adj-R^2 为调整后的 R^2,在 F-statistic 的列中,括号内为伴随概率 P 值。

三、制造业集聚影响环境污染的回归分析

从表 5-2 的估计结果可知,产业集聚与大气污染呈 N 型曲线关系,其他主要变量与大气污染呈显著相关关系,具体如下:

1.制造业增长

如前所述,本书在度量制造业增长对环境污染的影响时,分别从制造业总体发展水平和各行业的盈利水平两个方面进行度量,分别用 gdp 和 gdpl 表示。首先,从表 5-2 的估计结果可以发现,SO_2 排放指标估计方程中的 gdp 系数在较高水平上显著为正,这与经济发展必然导致环境污染的论点基本相符:随着经济的发展,工业污染物会不断增加,尤其是废气污染会随着工业活动的增加而增加。其次,gdpl 的估计结果中系数显著为负,据此我们可以判断企业的投入产出效果越好,降低中间消耗带来的经济效益越高,污染排放会随之减少。结合 gdp 和 gdpl 的估计结果,可以发现,中国正处于制造业中级集聚阶段,规模经济必然带来污染,但是产业自身较好的盈利能力和较高的效益水平能够制止污染的大量排放。假设 2 得到部分证实。

2.产业规模

波特认为产业集聚的本质是规模经济、外部经济和范围经济共同作用的结果(Porter,1990)。规模经济显著的行业一方面通过降

129

低平均成本加大污染预防和治理,一方面通过企业之间的竞争激励创新。表5-2的估计结果表明二氧化硫排放方程lab的估计系数显著为负,说明产业规模对环境作用明显,规模经济有助于环境技术、基础设施投入,从而更好地控制了环境污染。

3.技术进步

经济全球化使产业竞争越来越激烈,产业竞争的关键是利用高新技术改造传统产业或培育新兴产业,促进产业结构优化升级,这将意味着新技术对环保节能产品的研发至关重要;同时,在产业集聚内利用技术外溢效应能够结成技术服务网络,从而有利于环保节能技术的研发和使用。但是从表5-2的估计结果来看,用全员劳动生产率来度量的技术进步与环境污染之间的关系并不显著,这说明产业内部节能减排的动力不足。

4.FDI

在度量外商投资对环境污染的影响时,本章采用外商资本和港澳台资本综合进行衡量,结果表现出显著负相关。21世纪以来,外商投资推动了产业结构升级,针对中国现实情况,FDI的产业在中国可能表现为"干净型"特征,相对来说使污染密集型产业的污染得到控制。由此,假设3得到了部分的证实。

5.环境规制

虽然大多数学者认为环境规制可以有效地限制污染密集型产业的发展(Greenstone,2002),然而本章估计结果显示脱硫设施数目的增加并未达到控制污染的目的。如何理解这一结果呢?首先,脱硫设施的数目增加本身就是环境污染严重的表现,脱硫设施越多,说明需要治理的环境污染越严重,从这一层面来说,脱硫设施反映了环境污染加重是可以理解的。其次,我国制造业集聚的发展没有达到高级水平,环境规制仍然不完善。由此,假设3没有完全被证实。

6.能源耗费

能源消耗强度反映了能源利用的经济效率。表5-2的估计结果显示了能源消费强度与环境污染之间的关系呈高水平负相关,这与本章的合理预期相一致:能源消费水平提高能够使产业单位污染排放量降低,从而在长期上达到控制污染的效果。最新资料表明,目前中国是世界上第二大能源消费国,也是全球能源消费增长最快的国家,制造业集聚仍以粗放型发展方式为主。提高能源利用效率、寻找新能源是解决环境问题的根本途径。

进一步估计结果表明,影响大气污染的环境规制、FDI、能源消耗的外部因素是主要原因,其中 FDI 对缓解目前中国的大气污染起到一定作用,但环境规制和能源消耗对污染起到了恶化的作用。制造业增长、产业规模是污染产生主要的内在因素,令人失望的是技术进步与大气污染无关。

根据表 5-2,我们仍然选取固定效应模型,继而得到加入了控制变量后的新的污染排放与集聚的曲线关系:$SO_2 = -27.234 + 13.223H - 7.892H^2 + 0.143H^3$。新的污染排放与集聚的曲线仍为 N 型,进一步计算该曲线的转折点分别为 0.129 和 0.238。我们关心的问题是在加入控制变量后,新的大气污染—集聚曲线与初步估计结果表现的曲线关系是否存在差别,表 5-3 为两次估计结果的简单对比。

表 5-3 两类曲线的估计结果比较

初步估计结果		进一步估计结果	
曲线形状	转折点	曲线形状	转折点
N 型	0.156、0.221	N 型	0.129、0.238

表 5-3 表明,在考虑了各种控制变量之后,污染排放与集聚的曲线形状没有发生改变,因此我们断定这是一种比较稳定的曲线关系。但是,我们可以发现,曲线的转折点发生了改变,加入控制变量后,第一个转折点由 0.156 下降到 0.129,第二个转折点由 0.221 上升到 0.238,这说明加入控制变量后的转折点与我们的假设预期更

加一致。当转折点为 0. 129、0. 238 时,我国的绝大部分制造业集聚度都处于两个转折点之间,因此可以判断,我国的制造业集聚正处于中级集聚阶段,污染排放水平与中级集聚水平的污染特征相吻合,这完全证实了假设 2。

我们将两次估计结果曲线绘制出来,试图发现二者的异同(见图 5-2)。从图 5-2 可以得知,两类曲线图与我们预期的曲线形状一致,进一步估计的结果更加接近于我们假设的曲线图,这完全证实了假设 1。

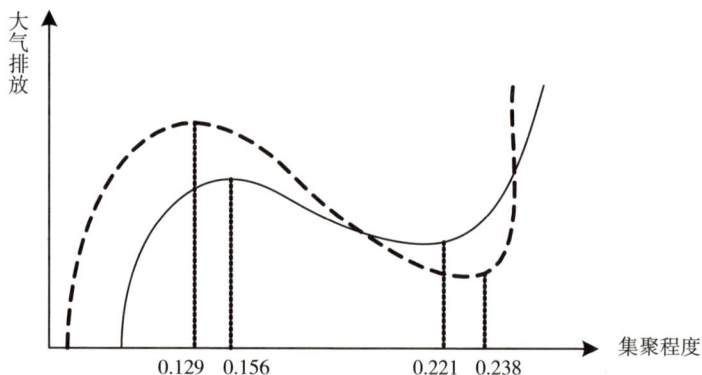

图 5-2　两类大气污染与制造业集聚的曲线图

第四节　制造业集聚对环境污染的
影响:省份层面的实证

一、区域制造业集聚影响环境污染的全样本检验

本章利用 2001—2007 年间我国 30 个省份的数据对(5-2)式 SO_2 排放与产业集聚度的关系进行回归检验。与制造业层面的估计步骤相同:在回归检验过程中,先后对 H 指数的平方项和立方项分别进行回归,根据 Adj-R2、t 统计值和 F 统计检验判断是否存在三次曲线关系。若 H 指数与环境污染之间存在三次曲线关系,则对三次

项进行估计;若不存在三次曲线关系,那么需要剔除 H 指数立方项,再对其平方项进行估计。与制造业层面的回归检验类似,我们对省份的产业集聚与环境污染之间的关系仍然进行了初步估计和进一步估计,在进一步估计中,仍然选取了包括制造业增长、产业规模、FDI、环境规制、能源耗费和技术进步在内的控制变量来检验模型的稳健性。其中,制造业增长用工业增加值率来表示,记为 gdpl,数据来源于相应年份《中国经济贸易年鉴》;区域产业规模用各省份的从业人员平均数与全国从业人员平均数的比来度量,记为 lab,数据来源于相应年份的《中国经济贸易年鉴》;技术进步用各省份全员劳动生产率来衡量,记为 tech,数据来源于各期《中国统计年鉴》;外商直接投资各省份外商资本和港澳台资本总和度量外商直接投资,记为 FDI,数据来源于各期《中国经济贸易年鉴》;环境规制利用各省份脱硫设施数度量,单位为套,记为 nums,数据来源于各期《中国环境年鉴》;用能源消费强度来度量能源耗费水平,各省份的能源消费强度为各省的工业增加值与各省能源消耗总量的比,记为 ener,数据根据历年《中国统计年鉴》《中国贸易年鉴》《中国环境年鉴》计算而得。为了数据描述的简洁,将回归结果列于表5-4中。

133

表5-4　加入控制变量后的 SO_2 排放和产业集聚的估计结果

污染排放指标	模型 1	模型 2	模型 3	模型 4
	FE	RE	FE	RE
常数项	−0.01 (−1.23)	−0.01 (−1.49)	−0.01 (−2.03)	−0.02 (−3.02)***
aH	0.61 (3.89)***	0.64 (4.21)***	0.29 (2.24)***	0.40 (3.18)***
aH2	−4.63 (−3.95)***	−4.79 (−4.17)***	−2.66 (−2.77)***	−3.27 (−3.54)***
aH3	9.85 (3.67)***	10.10 (3.82)***	6.25 (2.90)***	7.40 (3.54)***

污染排放指标	模型 1 FE	模型 2 RE	模型 3 FE	模型 4 RE
gdpl			0.05 (−0.85)*	0.04 (3.91)***
ener			−0.00 (−1.99)***	−0.00 (−0.97)
gdp			−1.46 (−0.47)	0.00 (−0.81)
FDI			−5.67 (−0.51)	−0.00 (−0.66)
nums			−1.32 (−0.85)*	0.00 (0.65)
lab			0.12 (2.76)***	0.08 (2.35)***
tech			0.00 (4.43)***	0.00 (4.94)***
拐点	0.09、0.22	—	0.07、0.21	—
Adj-R^2	0.83	—	0.91	—
F-statistic	32.06 (0.00)	8.57 (0.00)	51.81 (0.00)	14.97 (0.00)
Hausman Test prob	—	0.000	—	0.00
样本	208	208	208	208
形状	N 型	N 型	N 型	N 型

注:FE 代表固定效应模型,RE 代表随机效应模型,***、**、*分别表示 1%、5%以及 10%的显著性水平,变量的估计结果中,括号内为 T 统计值,Adj-R^2为调整后的 R^2,在 F-statistic 的列中,括号内为伴随概率 P 值。

二、区域制造业集聚影响环境污染的回归分析

根据计量模型,先对产业集聚与大气污染进行初步估计,即在不加入控制变量的情况下进行回归,见模型 1 和模型 2。估计结果中的豪斯曼检验拒绝了原假设,因此选取固定效应模型,随机效应模型结果作为参考。由估计结果可得知,地方专业化集聚与 SO_2 排放之间呈"N"型关系,这与行业检验层面的回归结果相同,验证了假设一,且结果是稳健的。固定效应模型回归结果可以表示为:

$SO_2 = -0.01 + 0.61H - 4.63H^2 + 9.85H^3$。根据上式的估计结果可以计算出该 N 型曲线的两个转折点分别为 0.09 与 0.22。对于 H 指数低于 0.09 的省份而言,SO_2 排放量将随着人均 H 指数的上升而增加;一旦 H 指数突破了 0.09 的临界值水平,H 指数的继续上升将有助于减少 SO_2 的排放;H 指数达到 0.22 临界点后,二氧化硫的排放量随着产业集聚度的升高而增加。

　　将控制变量加入回归模型,得到的结果见表 5-4。总体上看,地方专业化集聚与二氧化硫排放之间呈"N"型关系,进一步验证了假设 1 的成立。从各控制变量的结果看:第一,制造业增长。从估计结果可见,各省份制造业总体发展水平与环境污染并不相关,说明工业经济的增长不一定必然导致废气排放的增加。观察 gdpl 的回归结果,其与大气污染之间呈现显著正相关关系,可以判断一个地区的投入产出效果越好,经济效益越高,生产规模越大,大气污染会随之增多。综上可知,中国各区域制造业发展与大气污染之间的关系符合工业化中期阶段的特征,中国正向制造业的集聚状况与中级集聚阶段相符。第二,区域产业规模。产业集聚度增强的直接后果即为产业规模的不断扩大,在环境治理成本高、技术水平较为低下的情况下,产业规模的扩大必然导致更多的环境污染。表 5-4 的估计结果表明二氧化硫与产业规模之间是显著的正相关关系,说明我国区域的产业规模还没有达到既能增加产出又能减少污染的水平,与制造业增长结果类似,区域产业规模的发展水平也处于工业化中期阶段,需要产业集聚继续发展,最终实现通过规模经济缓解环境压力的目的。由此可见,第一和第二项控制变量的回归结果有力地检验了假设 2。第三,技术进步。从表 5-4 的估计结果来看,技术进步与大气污染之间呈显著的正相关关系,该结果颠覆了以往研究中技术进步对环境污染具有缓解作用的结论,这可能是因为我国区域环境保护并没有达到通过技术进步来发生作用的程度。第四,外商直接投资。在度量外商投资对废气排放影响时,估计结果表现出二者呈显著负

135

相关关系,该结果没有验证污染天堂假说的存在,即当外商投资增加时,大气污染排放相应减少。第五,环境规制。众多学者认为环境规制可以有效地缓解环境压力,该回归结果得到了与此论点一致的结论。这说明在我国省份层面是环保节能工作的核心载体和根本支撑,政府加大环境规制力度能够限制污染密集型产业的污染排放,这是地方政府为环保节能工作提供有力保障的表现。第四和第五个控制变量的回归结果有效地验证了假设3。第六,能源耗费强度。表5-4的估计结果显示了大气污染与能源消费强度之间呈显著负相关关系。能源消耗强度是能源利用过程中经济效率的表现,能源消费水平提高能够使该省污染排放量降低,从而在长期上达到缓解环境压力的目标。

从以上分析可知,省际产业集聚与大气污染之间存在着显著的"N型"曲线关系,与行业层面的回归结果一致,验证了假设一存在的稳健性。在各种控制变量中,制造业增长、产业规模和能源耗费三个控制变量在产业层面和省际层面的回归结果一致,这表明在影响环境污染的因素中,工业发展及其带来的能源消耗是影响大气污染的内在因素,检验结果是稳健的。FDI、环境规制和技术进步这三个控制变量在产业和省际层面的回归结果表现出很大不同,说明这三个因素对产业集聚与区域专业化分工的影响结果是有差异的。

以上研究通过一个简单的理论分析框架,以大气污染为例,实证分析了产业集聚对环境污染的影响。为保证实证结果的准确性、稳健性和完备性,分别以2001—2007年30个制造业行业和30个省份的面板数据进行回归检验,结果一致表明,以二氧化硫为污染指标的环境污染与产业集聚呈显著的"N型"曲线关系,即在产业集聚的不同发展阶段,集聚对大气污染具有不同的影响。目前我国制造业集聚正处于中级集聚阶段,虽然环境污染具有逐步缓解的良好趋势,但工业经济增长没有摆脱"高消耗、高污染、低产出"的粗放型模式,既保持高产出又实现低污染的双重效果仍表现得不尽如人意。此外,从估计结果中可以看出,环境规制、能源消耗、FDI 对污染的作用仍非常显著,这在一定意义上说明我国产业自身环保节能动力不足,需要寻求新的具有内在动力的节能减排组织形式来实现工业与环境又快又好的发展。笔者认为产业集聚将以这种创新的组织形式帮助产业逐步实现工业与环境的协调发展,但要实现这一目标,本书认为理论界和决策者应从以下方面着手:

根据不同产业和不同区域的实际情况,厘清产业集聚的发展阶段,在判断集聚内环境最优拐点的前提下,逐步推进制造业向高级阶段集聚演进。深入分析产业集聚对缓解环境污染压力的作用,挖掘产业集聚在节能减排方面的潜力,在产业集聚内把转变经济增长方式作为工业发展的长期战略重点,努力打破粗放型经济增长格局。针对产业和区域发展特点制定有针对性的产业集聚发展政策,建立有利于产业集聚促进环境与工业协调发展的体制机制,使我国工业经济发展建立在高效率、低污染、高产出的基础上,力求实现产出增长与环保节能的双赢目标。

支持用于环保节能的资本、技术、人才的空间集聚。鼓励发挥外商直接投资对我国工业增长和通过国际环境标准制约环境污染的双重作用,使其成为提升环境技术效率的"助推器"。加强环保节能技术效率的改善,事实证明,技术效率改善比技术进步更有利于环保节能行动的实施,各省市应该积极在产业集聚内进行制度创新、管理创新和人员素质提升,"软"技术实力提升的同时,加大环保节能技术领域的革新力度,"软""硬"技术两手一起抓,促进环保节能技术向高水平迈进。

鼓励在政府的指导下,充分发挥集聚内企业间的互利合作,加强集聚内环保设备共享,建立环境友好型的生产模式,共同承担环境责任,建立资源节约型企业。地方政府在加强环境规制的同时,应积极制定优惠政策,充分鼓励优质能源或可再生能源的使用,逐步改变以煤炭为主要能源的能源结构,加快能源结构优化,为提升环境技术效率水平奠定坚实基础。

第六章　中国制造业集聚影响环境
技术效率的实证研究

当前,中国已经进入了产业结构深刻调整期、工业化进程加速期和全面建成小康社会的关键期。新时期赋予了小康社会新的奋斗目标,即在人民生活实现小康的基础上实现"环境小康",这也是经济社会"又快又好"发展的基本要求。然而,严峻的环境危机已经成为中国可持续发展的制约因素,寻求行之有效的途径来扭转环境污染的被动局面势在必行。众所周知,中国正处于以重化工业为特征的工业化中期阶段,以煤炭为主的一次能源结构在短时期内难以改变,能源消耗将带来大量环境污染。据统计,2008 年中国能源消费总量为 28.5 亿吨标准煤,煤炭消费量占比高达 68.7%,至 2020 年,中国一次能源消费总量将达到 47.3 亿吨标准煤,煤炭占 63.9%(Lin 和 Liu,2010)。这表明,到 2020 年中国能源需求呈刚性且快速增长趋势将不会改变,以煤炭为主的能源结构也无法改变,在这种情势下采取可行的方法使中国走出环境发展的现实困境刻不容缓。

众多研究表明,最大可能的增加"好产出"和减少"坏产出"进而提高环境技术效率是应对工业经济与环境协调发展挑战的行之有效的途径。在国际上,理论界认为提高环境技术效率不仅是缓解环境污染问题的客观要求,也是经济社会可持续发展的必要条件。因此,通过提高环境技术效率来缓解环境压力是最有效的途径,而研究产业集聚对环境技术效率的影响则是制定有效环境政策以改善环境技术效率的基础工作,这也正是本章研究的出发点之所在。第五章我们实证检验了在不同的产业集聚发展阶段产业集聚对环境污染存在不同影响的假设,按照这个逻辑,产业集聚必然对环境技术效率存在重要影响。然而,产业集聚在不同的阶段对环境技术效率具有怎样的影响还鲜为人知。那么,产业集聚在环境与工业的协调发展中起了怎样的作用?我们能从产业集聚对环境技术效率的影响中找到新的环境与工业协调发展的有效路径吗?本章将针对产业集聚影响环境技术效率这一核心内容进行实证检验,解答前言中提出的主要问题、印证第一章提出的研究出发点、检验第二章典型事例存在的基本理论。

第一节　制造业集聚影响环境
技术效率的理论假说

一、制造业集聚影响环境技术效率的逻辑

从发展阶段来看,产业集聚对环境技术效率的影响分两步走:第一步是在拥挤效应产生之前,产业集聚驱动的城市化、迅速流动的人口和生机勃勃的贸易促进了区域经济的迅速发展,同时,企业之间的共享与合作、环保节能技术水平的提高、环境规制作用的有效发挥也大大缓解了环境压力,使"好产出"增加的同时"坏产出"相对减少,环境技术效率大大提高;第二步是拥挤效应产生之后,产业集聚的地区非贸易品价格高企不下,环境污染等拥挤效应带来的离心力超过了引向集聚的向心力(Krugerman,1991;范剑勇,2004),产业竞争力下降、好产出减少、坏产出相对增加,从而使环境技术效率呈现下降趋势。

关于产业集聚阶段的划分,从不同角度出发具有不同的分类方法(Swann,1998;Wilson 和 Singleton,2003)。我们以拥挤效应产生为

分界点将集聚分为两个阶段,在第一阶段,随着集聚不断深化,资本、劳动力、资源集中到集聚区,形成网络化结构。此时,产业集聚的环境正效应发挥作用:从企业层面来说,环保节能是一种高成本、高风险活动,产业集聚内的企业可以通过联合行动减少成本、技术共享、分担风险(Schmitz,1995;Sorenson,2003),有效的应对环境压力,促进环境技术效率的提高。从政府层面来说,政府乐意创造一个环境使企业集聚在一起,便于通过环境规制对企业污染进行治理,从而减少政府支出。比如,政府通常会创建一个园区,将企业规划在园区内,企业不仅可以共同使用排污设备减少污染治理成本,还通过环保知识和技术共享对环境污染起到抑制作用。在第二段,随着非移动要素价格升高,拥挤效应产生,表现为土地资源紧缺、污染排放量大(Delacroix 等,1989),从而导致两种结果:一种是在存留下来的产业集聚内,产业之间及产业链之间竞争达到饱和,企业共同进行环保节能的活动趋于稳定,产业集聚对环境技术效率的促进作用开始下降;另一种是环境污染破坏了集聚经济的优势,那些不适应环境承载能力的产业消失或发生转移,发生转移的产业又可能在产业承接地形成新的集聚,同时也产生新的污染排放,此时环境技术效率下降。

二、制造业集聚影响环境技术效率的假说

根据以上分析我们提出理论假说:产业集聚在不同发展阶段对环境技术效率存在影响。具体来说,在产业集聚第一阶段,产业集聚通过集聚优势和联合行动,使环保节能的成本不断减少,进而改善环境质量,促进环境技术效率的提高,对环境和工业的协调发展具有积极作用;而在产业集聚第二阶段,环境与资源的协调性或者达到了一种稳定状态,或者由于产业转移导致新的污染,因此,随着产业集聚度的增加,环境技术效率逐渐下降,环境和工业发展趋向不和谐。因此,产业集聚与环境技术效率呈"倒 U 型"关系,我国目前产业集聚处于第一阶段向第二阶段的过渡期。

第二节 制造业集聚对环境技术效率的
影响:数据与实证模型

一、制造业集聚影响环境技术效率的数据来源

为了更加全面、系统地考察产业集聚对环境技术效率的影响,我们采用2001—2008年28个制造业面板数据和2001—2009年30个省份面板数据检验产业集聚对环境技术效率的影响。将环境技术效率作为被解释变量,产业集聚度作为关键解释变量,制造业行业层面分别用 ETE 和 GNI 表示,省份层面分别用 ETE 和 H 表示。具体测算方法及测算结果如前所述。

环境技术效率与其他一些因素相关。在制造业层面,企业规模、科技投资、生活水平、外商直接投资、环境规制等因素对环境技术效率的影响已有很多论述。Jacobs(1961)认为不同规模的企业对外部环境敏感度不同,相对来说,大企业更稳定,倾向于自给自足;小企业则更依赖外部环境,但创新能力却较强。事实上,环境技术效率与企业规模紧密相关:小企业污染排放量少而创新动力充足,更易于进行环保节能技术的创新和使用,能很好地适应节能减排趋势;大企业的规模经济导致排放总量多,且为了节省成本,节能减排设备或技术一旦投入使用,将在一段时间内处于稳定状态。本书以不变价工业总产值比单位企业个数得到单个企业的平均总产值,以此代表企业规模,记为 size,单位为万元/个,数据来源于《中国统计年鉴》(2002—2009年)。与规模经济类似,技术创新一直是产业快速发展与解决环境问题的内在动力,根据涂正革(2008)对研发投入指标的设定方法,本书用不变价大中型工业企业科技活动经济支出与规模企业工业总产值的比率,衡量各产业的自主研发投入,记为 rd,数据来源于《中国科技统计年鉴》(2002—2009年)和《中国统计年鉴》(2002—

141

2009年）。此外，人民生活水平的提高是经济发展的标志，人们对提高环境质量的诉求也是节能减排的主要动力，沿用李小平（2010）对人均GDP指标的设定，本书用不变价总产值比全部从业人员平均数得到人均GDP，记为rjgdp，单位亿元，数据来源于《中国统计年鉴》（2002—2009年）。值得一提的是，很多学者认为外商直接投资对环境技术效率产业重大影响，Grossman和Kruger（1991）认为国际贸易通过技术效应、规模效应对环境产生影响，Cole（2004）认为产业转移是发展中国家参与国际垂直化分工程度显著增加的结果，发达国家转移的产业除了"污染型"产业，还包括"干净型"产业和先进技术，推动了产业结构趋向优化，因此我们用不变价各行业外商资本和港澳台资本总和度量外商直接投资，记为FDI，单位为亿元，数据来源于《中国经济贸易年鉴》（2002—2009年）。特别应该指出的是，环境规制对环境技术效率起到重要作用，有研究表明环境规制降低了污染密集型产业全要素生产率水平，限制了污染密集型产业的发展（Green Stone，2002），这里，我们用各产业脱硫设施数量衡量环境规制，记为regu，单位为万套，数据来源于《中国环境年鉴》（2002—2009年）。

在省份层面，省际环境技术效率也受到其他因素的影响，包括：（1）各省份人均生活水平：由库兹涅茨曲线可知，环境效率与人民生活水平呈现二次非线性关系，所以在回归方程中包含了省份人均生活水平的二次型，用不变价人均地区生产总值表示，记为rjgdp，单位亿元，数据来源于《中国统计年鉴》（2002—2010年）。（2）工业结构：用固定资产净值年平均余额除以工业年平均全部从业人数衡量，通过资本与劳动力的比值来反映地区要素禀赋，判断该地区的工业结构是劳动密集型还是资本密集型，资本与劳动力的比值越大说明该地区的产业越倾向于资本密集型产业。工业结构记为jjjg，数据来源于《中国经济贸易年鉴》（2002—2010年）。（3）科技投入：由各地区大中型工业企业科技经费内部支出度量，记为kjtz，单位亿元，数据来源于《中国科技统计年鉴》(2002—2010 年)。(4)能源消耗:万元 GDP 能耗的上升与下降来是考核一个地区节能降耗的工作成效的重要标准之一,用单位地区生产总值能耗来表示,记为 nh,数据来源于《中国统计年鉴》(2002—2010 年)。(5)企业环境管理能力:采用王兵等(2010)对环境管理能力的衡量方法,用工业二氧化硫去除量比工业二氧化硫去除量与工业二氧化硫排放量的和,记为 qyhj,数据来源于《中国环境年鉴》(2002—2010 年)。

二、制造业集聚与环境技术效率间的动态趋势

1.制造业环境技术效率与产业集聚之间关系的动态趋势

为了从时间上观测制造业集聚与环境技术效率的动态趋势,绘图 6-1:

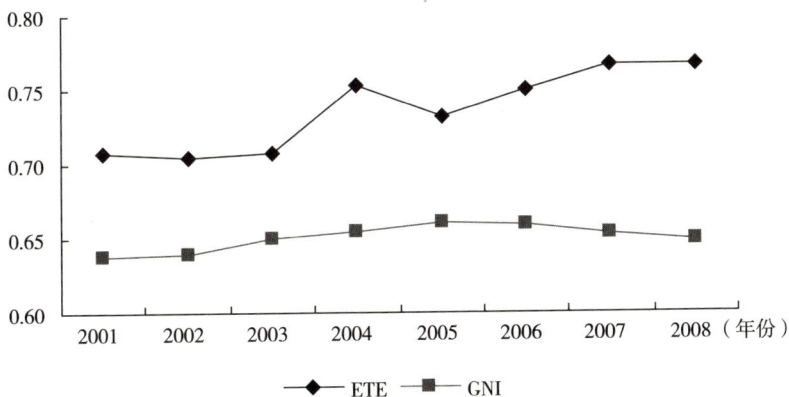

图 6-1　2001—2008 年制造业环境技术效率与产业集聚动态趋势

注:ETE 和 GNI 分别代表 28 个制造业环境技术效率和空间基尼系数的均值。

图 6-1 揭示了 2001—2008 年环境技术效率与产业集聚发展动态。总体来说,我国制造业与环境的协调性呈上升趋势,可望通过增加投入和减少环境污染来提升环境技术效率的潜在空间;而以 2005 年为分界点,产业集聚度先上升后下降。这是因为,2001—2005 年间,许多集聚产业属于高度全球化或市场化产业,大量产品出口到国

际市场吸引了大量外商直接投资,中小企业发展迅速,企业之间联系紧密,技术创新加强,这些都为增加产出、减少污染提供了可能,因此,产业集聚对环境技术效率起到了促进作用。2005—2008 年间,环境技术效率继续上升,但产业集聚开始下降,二者形成"剪刀差",这与国际金融危机和节能减排压力重大不无相关。特别是自 2008 年以来,产业集聚度下降幅度最为明显,受到金融危机的冲击,那些不具竞争力的集聚由于劳动力流出、资本不足、无法达到环境指标要求等原因导致产业转移、分散或消失,从而造成产业集聚度的降低,此时随着产业集聚度增强,环境技术效率下降。

为了观察各行业产业集聚与环境技术效率之间的关系,将 2001—2008 年平均 ETE 列表排序,同时将 28 个行业分为 2 组,设定排名前 14 位的行业为环境与产业高协调行业,排名后 14 位的行业为低协调行业,如表 6-1 所示。

表 6-1　各行业环境技术效率与产业集聚(2001—2008 年)

高协调组行业	平均 ETE	平均 GNI	低协调组行业	平均 ETE	平均 GNI
通信设备、计算机及其他电子设备制造业	1	0.80	有色金属冶炼及压延加工业	0.68	0.47
皮革、毛皮、羽毛(绒)及其制品业	1	0.77	塑料制品业	0.67	0.72
烟草制品业	1	0.56	专用设备制造业	0.65	0.61
石油加工、炼焦及核燃料加工业	1	0.55	木材加工及木、竹、藤、棕、草制品业	0.61	0.63
纺织服装、鞋、帽制造业	0.91	0.78	黑色金属冶炼及压延加工业	0.61	0.54
电气机械及器材制造业	0.91	0.72	食品制造业	0.59	0.55
文教体育用品制造业	0.89	0.83	医药制造业	0.59	0.49
仪器仪表及文化、办公用机械制造业	0.86	0.76	化学纤维制造业	0.59	0.79
农副食品加工业	0.84	0.59	橡胶制品业	0.59	0.70
家具制造业	0.79	0.71	饮料制造业	0.58	0.51

高协调组行业	平均 ETE	平均 GNI	低协调组行业	平均 ETE	平均 GNI
金属制品业	0.76	0.71	纺织业	0.58	0.75
交通运输设备制造业	0.74	0.56	化学原料及化学制品制造业	0.58	0.58
印刷业和记录媒介的复制	0.72	0.62	造纸及纸制品业	0.57	0.67
通用设备制造业	0.71	0.68	非金属矿物制品业	0.57	0.57

通过对环境技术效率排序发现，中国 28 个制造业中，大部分产业集聚较高行业的环境技术效率较高，集聚度相对偏低行业的环境技术效率普遍较低。也有一些不符合此规律的行业，如烟草制品业和石油加工、炼焦及核燃料加工业的环境技术效率很高，但是集聚程度却较低。这是因为，这两个行业对资源禀赋要求较高，烟草制品业主要集中在云南等适宜烟草生长的西部，石油化工及炼焦业主要分布在中西部和东北石油资源丰富的地区，集聚度较低，但是这两个行业处于技术前沿。从总体来说，产业环境技术效率水平与产业集聚程度是正相关的。

表 6-2 给出了各主要变量的统计性描述结果。

表 6-2　制造业行业层面主要变量的统计性描述

变量	符号	样本数	均值	标准差	最大值	最小值
空间基尼系数	gni	224	0.651	0.103	0.8308	0.414
空间基尼系数平方项	gni2	224	0.434	0.135	0.6903	0.172
科技投资强度	rd	224	0.893	0.598	2.7135	0.084
环境规制	regu	224	570.798	677.726	3452.000	18.000
企业规模	size	224	1.396	2.553	24.057	0.197
生活水平	rjgdp	224	38.905	33.620	219.932	10.174
外商直接投资	FDI	224	481.512	547.757	4196.931	1.053

2.省份环境技术效率与产业集聚之间关系的动态趋势

根据环境技术效率与产业集聚度的测算结果,我们描绘省份环境技术效率与产业集聚之间的动态关系图,如图6-2所示。

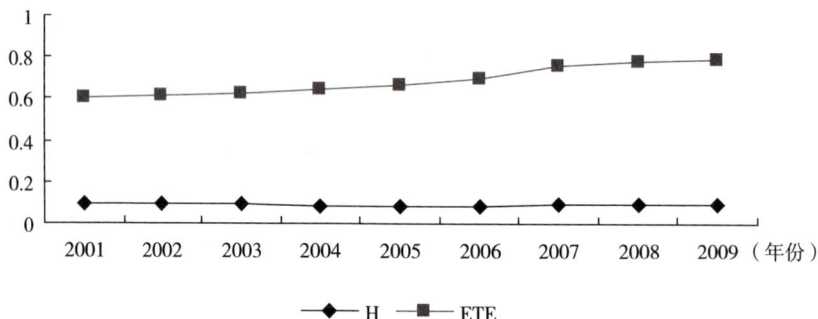

图6-2　2001—2009年省份环境技术效率与产业集聚动态趋势

图6-2中,ETE 和 H 指数分别代表 30 个省份环境技术效率和赫芬达尔指数的均值。从发展趋势看,以 2005 年为界,2001—2005年间随着产业集聚的缓慢下降,省际环境技术效率呈不断上升,这表明在这阶段产业集聚没有对环境技术效率起到正效应,此时产业集聚在促进区域经济增长的同时,也增大了区域能耗,环境承载压力增大,导致省域内环境与经济的协调发展能力逐渐减弱;2006—2009年间,产业集聚呈现缓慢上升趋势,环境技术效率也随之上升,产业集聚的环境正效应发挥了积极作用。

表6-3　中国各省份产业集聚与环境技术效率关系的分类

类　型	省　份
高集聚高环境技术效率	上海、北京、天津、河北、吉林、内蒙古、海南
高集聚低环境技术效率	新疆、重庆、四川、黑龙江、云南、青海、陕西、甘肃、山西、贵州
低集聚高环境技术效率	广东、江苏、浙江、山东、福建、河南、辽宁、江西
低集聚低环境技术效率	湖南、湖北、安徽、广西、宁夏

由表6-3可知,属于高环境技术效率的城市中,东部地区[①]的省(市)占到了所有高环境技术效率省(市)的2/3,其中,上海、北京、天津、河北、海南等省市充分利用了产业的专业化分工带来的集聚,促进了环境与经济的协调发展;广东、江苏、浙江、山东、福建等发达地区的产业集聚度处于较低水平,但却通过环境规制等手段在环境污染治理等方面收到了成效,这几个地区的产业集聚还没有发挥环境正效应的优势。高集聚低环境技术效率的省份为10个,占所有省份的1/3,这些省份大多地处中西部,产业集聚发展处于初级阶段,虽然产业集聚对这些地区的区域经济发展作用重大,但是环境技术效率却相对低下,属于典型的"高污染、高投入、低效率"的粗放型经济增长模式地区。湖南、湖北、安徽、广西、宁夏等省份的产业集聚度与环境技术效率水平都具有较大的发展空间,需要在加强产业集聚的同时积极利用产业集聚的规模经济与环境外部性效应,加快实现环境与经济协调发展。

表6-4是省份环境技术效率与制造业集聚实证检验中各变量的统计性描述结果。

表6-4 主要变量的统计性描述

变量	符号	样本数	均值	标准差	最大值	最小值
赫芬达尔指数	h	270	0.090	0.038	0.256	0.047
赫芬达尔指数平方项	h2	270	0.009	0.009	0.066	0.002
生活水平	rjgdp	270	1.766	1.338	7.950	0.300
生活水平平方项	Rjgdp2	270	4.906	8.544	63.202	0.090
科技投资	kjtz	270	97.971	135.055	865.313	0.629

---

① 根据人大会议对我国东部、中部、西部三个地区的划分,东部地区包括北京、天津、河北、辽宁、上海、江苏、浙江、福建、山东、广东和海南11个省(市);中部地区包括山西、吉林、黑龙江、安徽、江西、河南、湖北、湖南8个省(区);西部地区包括四川、重庆、贵州、云南、西藏、陕西、甘肃、青海、宁夏、新疆、广西、内蒙古12个省(区市)。

变量	符号	样本数	均值	标准差	最大值	最小值
企业环境管理能力	qyhg	270	0.350	0.203	0.826	0.000
地区单位能耗	nh	270	1.629	0.795	4.309	0.606
工业结构	jjjg	270	18.453	10.737	104.980	7.320
外商直接投资	FDI	270	0.053	0.063	0.258	0.004

三、制造业集聚影响环境技术效率的实证模型

考虑到产业集聚达到一定程度便会出现继续高集聚或分散趋向的可能性,且产业集聚与环境污染呈非线性关系,我们判定产业集聚与环境技术效率的相关关系也可能是非线性的,所以在模型中引入代表产业集聚的 gni 和 H 二次项。由此,在 Fare(2007)和涂正革(2008)改进的基础上,本章的计量模型设定为:

$$ETE_{it} = \alpha_i + \beta_1 gni_{it} + \beta_2 gni_{it}^2 + \beta_3 size_{it} + \beta_4 rd_{it} + \beta_5 rjgdp_{it} + \beta_6 FDI_{it} + \beta_7 regu_{it} + \varepsilon_{it} \tag{6-1}$$

$$ETEj_{jt} = \alpha_j + \beta_1 H_{jt} + \beta_2 H_{jt}^2 + \beta_3 rjgdp_{jt} + \beta_4 rjgdp_{jt}^2 + \beta_5 jjjg_{jt} + \beta_6 kjtz_{jt} + \beta_7 nh_{jt} + \beta_8 qyhj_{jt} + \varepsilon_{jt} \tag{6-2}$$

模型(6-1)中,ETE_{it} 为被解释变量,表示第 i 个制造业行业在第 t 年的环境技术效率,gni_{it} 是关键被解释变量,代表第 i 个行业在第 t 年的产业集聚程度,研发投入(rd_{it})、生活水平($rjgdp_{it}$)、外商直接投资(FDI_{it})、环境规制($regu_{it}$)分别为控制变量,α_i 为特定的截面效应,ε_{it} 为随机误差项。模型(6-2)中,ETE_{jt} 为被解释变量,表示第 j 个省份在第 t 年的环境技术效率,H_{jt} 是关键被解释变量,代表第 j 个行业在第 t 年的产业集聚程度,工业结构($jjjg_{jt}$)、生活水平($rjgdp_{jt}$)、科技投资($kjtz_{jt}$)、能源消耗(nh_{jt})企业环境管理水平($qyhj_{jt}$)分别为控制变量,α_j 为特定的截面效应,ε_{jt} 为随机误差项。考虑到估计结果的稳健性,在回归分析中采用固定效应模型和随机效应模型两种估计方法,根据 Hausman 检验的结果,若 H 统计值小

于临界值,则拒绝原假设。在每一组估计中,若选取其中一种估计方法,则另一种估计结果作为参考。

第三节　制造业集聚对环境技术效率的影响:产业层面的实证

一、制造业集聚影响环境技术效率的全样本回归

我们对 28 个制造业的全样本根据 6-1 式回归模型进行回归分析。为了回归结果的稳健性,做 3 组回归由 6 个模型组成,根据 Hausman 检验的结果,均拒绝原假设,选取固定效应模型,随机效应的估计结果作为参考,回归结果如表 6-5 所示。

表 6-5　制造业环境技术效率的影响因素估计结果

解释变量	模型 1 FE	模型 2 RE	模型 3 FE	模型 4 RE	模型 5 FE	模型 6 RE
C	−0.741* (−1.797)	−0.502* (−1.281)	0.692*** (28.941)	0.718*** (25.276)	−0.767** (−2.050)	−0.538 (−1.566)
gni	3.960*** (3.087)	3.244*** (2.660)			4.277*** (3.670)	3.553*** (3.304)
gni2	−2.533*** (−2.517)	−2.010*** (−2.122)			−3.013*** (−3.311)	−2.430*** (−2.906)
size			−0.015*** (−3.605)	−0.013*** (−3.242)	−0.012*** (−3.043)	−0.010*** (−2.629)
rd			0.016 (0.736)	−0.006 (−0.340)	0.012 (0.606)	−0.002 (−0.121)
rjgdp			0.002*** (6.402)	0.002*** (6.966)	0.002*** (6.098)	0.002*** (6.636)
FDI			0.319*** (2.440)	0.352*** (2.827)	0.344*** (2.689)	0.337*** (2.739)
regu			−0.780*** (−2.933)	−0.984*** (−4.850)	−0.994*** (−3.781)	−1.020*** (−5.086)
拐点	0.782	—	—	—	0.710	—

解释变量	模型 1 FE	模型 2 RE	模型 3 FE	模型 4 RE	模型 5 FE	模型 6 RE
R^2	0.903	0.081	0.920	0.269	0.926	0.323
F-statistic	61.942 (0.000)	9.809 (0.000)	67.935 (0.000)	15.968 (0.000)	69.117 (0.000)	14.656 (0.000)
Hausman Test	—	0.100	—	0.010	—	0.028
样本	224	224	224	224	224	224

注:FE 代表固定效应模型,RE 代表随机效应模型,***、**、* 分别表示 1%、5%以及 10%的显著性水平,变量的估计结果中,括号内为 T 统计值,在 F-statistic 的列中,括号内为伴随概率 P 值。

模型 6-1 的估计结果显示,产业集聚与环境技术效率呈显著的"倒 U 型"关系,曲线转折点位于产业集聚度为 0.782 的临界值处。这一回归结果的经济意义显而易见:随着产业集聚度提高,环境技术效率随之提高,产业集聚对环境与产业的协调发展起促进作用;但是当产业集聚度达到 0.782 以后,产业的环境技术效率呈下降趋势。新经济地理理论认为,由于离心力的存在使产业集聚的优势不能无限存在,因此,当集聚度继续升高到如土地、自然资源和由拥挤、环境质量等外在不经济因素阻止集聚优势发挥时,环境技术效率将下降。由表 6-1 可知,我国制造业空间基尼系数大于 0.782 的产业仅有 3 个,分别为化学纤维制造业、文教体育用品制造业和通信设备、计算机及其他电子设备制造业,产业集聚度正向拐点逼近。绝大部分产业都位于"倒 U 型"曲线的左半段,说明随着产业集聚度的提升,环境技术效率水平将随之增加。就全国平均水平而言,我国产业集聚与环境技术效率基本呈正相关性。由此,理论假说得到初步验证。

模型 3 的估计结果是排除产业集聚因素后,各控制变量对环境技术效率的影响。下面针对各控制变量进行具体叙述:

(1)企业规模。与小企业相比,大企业创新、创造性更加迟缓,小企业却更容易适应环境技术效率的变动,特别是在产业多样化程度较高城市,小企业能够通过快速创新来适应变化的各种需求(Chinitz,1961;Duranton 和 Puga,2000)。模型 3 的回归结果显示,企业规模与环境技术效率呈显著负相关,即企业规模越大,环境技术效率越低。这是因为,规模较大企业通常具有环境技术滞后性,一旦投入了固定资本,现有技术条件将在一定时间被锁定,很难形成新的技术突破。与之相对应,中小企业更容易对技术进行更新和使用,更易于提高环境技术效率,从而更好地实现产业与环境的协调发展。

(2)研发投入强度。研发投入对环境技术效率的作用体现在两方面:一是随着环保技术研发投入增加,环保力度将随之增强;二是环保研发投入对产业结构调整与经济增长方式转变具有间接作用,从而在广义上促进了环境技术效率。遗憾的是,模型 3 的回归结果显示,研发投入强度对环境技术效率的影响不显著,这可能是由于目前各产业的研发强度主要集中于生产技术,在一定范围内尚未对环保技术增加研发投入。

(3)生活水平。环境库兹涅茨假说强调,当人民生活水平达到一定水平,人均产出对环境污染具有改善作用(Grossman 和 Krueger,1991)。生活水平提高将使人们有更强的意愿实现节能减排,进而改进环境技术效率。模型 3 的估计结果显示,生活水平与环境技术效率显著正相关,人均产出水平每提高 1%,环境技术效率将提高6.4%,因此,生活水平提高大大促进了环境与产业的协调发展。

(4)外商直接投资。根据比较优势理论,国际贸易使污染产业从经济较为发达地区转移到落后地区,使环境规制较弱的地区沦为"污染天堂"(Copeland 和 Taylor,1995)。外商直接投资与环境技术效率呈显著正相关,这是因为 21 世纪以来,外商投资推动了产业结构升级。针对中国现实情况,FDI 的产业可能表现为"干净型"特征,一定程度上控制了污染,这就得到了与"污染天堂"假说相反的结论——外商直接投资促进了环境技术效率的提高。

(5)环境规制。大多数学者认为环境规制是控制污染的必要手

151

段(Magat 和 Viscusi,1990;Panayoutou,1997;Dasgupta 等,1974,1979,2002),然而本书估计结果显示环境规制与环境技术效率显著负相关,政府环保措施并未达到改善环境技术效率的目的。这是因为脱硫设施的数目增加本身就是环境污染趋于严重的表现,加上我国环境规制仍然不完善,使得环境规制还没有起到促进产业与环境协调发展的作用。

模型 5 是加入各控制变量后,产业集聚与环境技术效率之间关系的估计结果。在既有产业集聚又有控制变量的情况下,各控制变量的符号及相关性与模型 3 的回归结果完全相同,这说明各控制变量的回归结果是稳健的;产业集聚与环境技术效率仍然呈"倒 U 型"关系,我们断定这是一种比较稳定的曲线关系,只是在加入控制变量后,拐点的出现提前了 0.07。由此,理论假说得到进一步证实。

二、制造业集聚影响环境技术效率的分类回归

28 个制造业行业的环境技术效率存在较大差异,由此引发的问题是:产业集聚对环境和产业协调度较高行业与协调度较低行业的影响是否相同?按照前文所述的逻辑,将排名前 14 位样本作为高协调组,排名后 14 位样本作为低协调组,回归模型仍为(6-1)式。对这两个子样本用同一模型进行回归如表 6-6 所示。

表 6-6　低协调性与高协调性制造业环境技术效率的影响因素估计结果

解释变量	低协调组				高协调组			
	模型 1	模型 2	模型 3	模型 4	模型 5	模型 6	模型 7	模型 8
	FE	RE	FE	RE	FE	RE	FE	RE
C	0.594 *** (26.325)	0.588 *** (32.545)	−0.311 (−1.232)	−0.187 (−0.911)	0.787 *** (14.866)	0.832 *** (22.393)	−4.489 *** (−3.328)	−1.583 (−1.485)
gni			3.147 *** (4.093)	2.608 *** (3.970)			14.740 *** (3.682)	6.675 ** (2.131)
gni2			−2.609 *** (−4.414)	−2.117 *** (−4.056)			−10.131 *** (−3.417)	−4.568 ** (−1.996)

续表

解释变量	低协调组				高协调组			
	模型1	模型2	模型3	模型4	模型5	模型6	模型7	模型8
	FE	RE	FE	RE	FE	RE	FE	RE
size	−0.078*** (−3.079)	−0.058*** (−3.415)	−0.087*** (−3.551)	−0.059*** (−3.411)	−0.019*** (−3.298)	−0.016*** (−3.096)	−0.019*** (−3.609)	−0.015*** (−3.115)
rd	−0.007 (−0.470)	−0.006 (−0.539)	−0.017 (−1.224)	−0.009 (−0.779)	0.074 (1.392)	0.019 (0.627)	0.056 (1.130)	0.013 (0.459)
rjgdp	0.004*** (5.785)	0.003*** (6.531)	0.004*** (5.651)	0.003*** (6.448)	0.002*** (4.382)	0.003*** (5.170)	0.004*** (6.063)	0.003*** (6.203)
FDI	−0.008*** (−3.111)	−0.006*** (−2.670)	−0.007*** (−2.871)	−0.006*** (−2.771)	0.340* (1.746)	0.271* (1.692)	0.316* (1.694)	0.255* (1.671)
gni	−0.067 (−0.322)	−0.084 (−0.701)	−0.159 (−0.811)	−0.145 (−1.169)	−2.700*** (−2.838)	−2.800*** (−4.069)	−2.980*** (−3.390)	−2.480*** (−3.807)
拐点	—	—	—	0.616			0.727	
R²	0.715	0.838	0.767	0.520	0.803	0.698	0.836	0.342
F-statistic	13.020 (0.000)	16.523 (0.000)	69.117 (0.000)	16.096 (0.000)	20.886 (0.000)	8.936 (0.000)	22.992 (0.000)	7.649 (0.000)
Hausman Test		0.561	—	0.382	—	0.507	—	0.006
样本	112	112	112	112	112	112	112	112

注:FE代表固定效应模型,RE代表随机效应模型,***、**、*分别表示1%、5%以及10%的显著性水平,变量的估计结果中,括号内为T统计值,在F-statistic的列中,括号内为伴随概率P值。

153

　　再看高协调组,根据豪斯曼检验的结果,选取随机效应模型6和固定效应模型7的回归结果,其他作为稳健性参考。高集聚组的回归结果与全样本回归结果基本一致。值得注意的是,低协调组和高协调组的FDI的回归结果截然相反,低协调组显著负相关,而高协调组显著正相关。在环境技术效率较高行业中,FDI产业会更倾向于使用新技术、生产环保产品,因此,FDI对环境技术效率高的产业是锦上添花;而在环境技术效率较低的行业中,FDI产业更倾向于采取高投入、高污染的粗放型经济发展方式,这对环境技术效率低的产业来说无疑是雪上加霜。此外,环境规制因素在不同组中回归结果也

有所不同,政府环境管制对低协调组的环境技术效率作用不明显,而在高协调组中却与环境技术效率显著负相关。

我们最为关注的是在不同回归中,"倒 U 型"曲线中拐点的变化。为了更直观地观察这种变化,列表如表 6-7 所示。

表 6-7　加入控制变量的不同回归曲线拐点

	全样本	低协调组	高协调组
达到拐点时的集聚度	0.710	0.616	0.727

相比之下,低协调组的曲线拐点比高协调组优先到来。我们从产业结构角度解释这种现象。从表 6-6 中我们不难发现,高协调组的产业多为技术密集型产业。当前,产业竞争越来越表现为技术竞争,高新技术对传统产业的改造促进了产业结构优化升级,环保节能技术创新为节能减排创造了条件,因此集聚内技术外溢和技术服务网络使产出增加、污染密度下降,对环境技术效率起到持续促进作用,延缓了拐点到来。与之相对应,低协调组产业多为劳动密集型产业。新古典贸易理论认为劳动力禀赋是区域分工的基础,但是在产业竞争由比较优势向竞争优势转化的今天,由劳动禀赋优势推动的产业集聚必然会逐渐减弱(王业强、魏后凯,2007)。我国产业集聚消失或产业转移的经验事实证明,劳动密集型产业集聚通常因为技术创新困难、环境压力大而被迫转移或消失,导致了拐点的提前到来。

综上,无论是全样本还是分组回归,估计结果均验证了理论假说,即:产业集聚与环境技术效率呈"倒 U 型"曲线关系。在初始阶段,随着产业集聚增强,环境技术效率提高,环境与工业发展越加协调;拐点出现后,随着产业集聚的继续增强,环境技术效率下降,环境与工业发展的协调度呈下降趋势。不同回归结果表明,产业集聚与环境技术效率呈"倒 U 型"曲线关系是稳健的。同时,我国产业集聚基本处于拐点的左半部分,正在向拐点挺进,这说明我国产业集聚目前正由第一阶段向第二阶段过渡,政府应积极有效地利用产业集聚这一阶段优势,促进环保节能政策的有效实施。

第四节　专业化分工对环境技术效率的影响:省份层面的实证

一、区域专业化影响环境技术效率的全样本回归

为了实证检验的完备性和翔实性,我们对30个省份的全样本进行估计。根据豪斯曼检验,均拒绝原假设,选取固定效应模型估计结果见6-8。

表6-8　产业集聚影响省际环境技术效率的估计结果

解释变量	模型1	模型2	模型3	模型4	模型5	模型6
	FE	RE	FE	RE	FE	RE
C	0.566*** (9.978)	0.596*** (10.968)	0.037 (0.497)	0.502*** (23.196)	−0.010 (−0.127)	0.524*** (19.702)
h	2.120*** (2.095)	1.677*** (1.792)			1.314* (1.751)	1.099* (1.746)
h2	−7.281*** (−1.881)	−6.211*** (−1.694)			−5.171* (−1.761)	−6.918** (−2.200)
rjgdp			0.187*** (11.669)	0.100*** (10.249)	0.199*** (12.384)	0.102*** (10.477)
rjgdp2			−0.010*** (−6.684)	−0.433*** (−3.703)	−0.010*** (−7.205)	−0.454*** (−3.932)
gyjg			−0.078* (−1.823)	−0.040 (−1.088)	−0.071* (−1.686)	−0.361 (−0.994)
kjtz			0.065 (1.199)	0.017*** (4.155)	0.869* (1.619)	0.016*** (4.418)
nh			−0.208*** (−5.925)	−0.587 (−0.698)	−0.233*** (−6.669)	−0.345 (−0.407)

续表

解释变量	模型 1	模型 2	模型 3	模型 4	模型 5	模型 6
	FE	RE	FE	RE	FE	RE
qyhg			0.146 *** (3.821)	0.086 *** (3.731)	0.135 *** (3.598)	0.085 *** (3.760)
H 拐点				—		
R^2	0.534	−0.009	0.907	0.778	0.912	0.780
F−Test	81.807 (0.000)	121.614 (0.200)	65.809 (0.000)	154.187 (0.000)	65.592 (0.000)	115.756 (0.000)
Hauseman Test		0.000		0.000	—	0.000
样本	270	270	270	270	270	270

注:FE 代表固定效应模型,RE 代表随机效应模型, *** 、 ** 、 * 分别表示 1%、5%以及 10%的显著性水平,变量的估计结果中,括号内为 T 统计值,在 F−statistic 的列中,括号内为伴随概率 P 值。

根据模型 2、模型 6 可以得知,省际产业集聚与环境技术效率呈现倒 U 型关系,即随着产业集聚度的增加,环境技术效率先上升后下降。该结果与产业层面的回归结果是基本一致的,只是在现实意义的解释上有所差别:产业层面的产业集聚指的是产业在区域内的集中度,其对表现为产业技术前沿的环境技术效率的影响是显著的,这对了解不同产业的协调发展非常重要,对政府及企业采取适当的策略及措施来提高环境技术效率、促进产业经济和环境协调发展具有现实意义;用赫芬达尔指数表示的省际层面的产业集聚是指该区域内产业的专业化程度,其对各省环境技术效率的影响也是显著的,在一定程度上反映了产业的专业化分工对区域环境技术效率的提高,梁琦(2009)认为,分工与资源配置是孪生的问题,分工的存在必然伴随着资源配置问题。专业化分工能够促使资源在区域内更有效率地集聚,通过资源的循环积累促进了区域经济发展,但同时资源的有限性锁定了该区域不可能无限发展的事实,超过了边界承载限度的专业化容易造成更多的低效率或负效应,从而影响省际环境技术效率的提高。省际产业集聚与环境技术效率之间呈现的"倒 U 型"

关系是指随着产业集聚度的升高,省份环境技术效率随之升高,此时产业集聚对环境技术效率起到促进作用;当产业集聚达到一定程度后,环境技术效率就会达到一个峰值,在此峰值后若产业集聚度继续升高,环境技术效率将呈现下降趋势,这是因为峰值过后,产业集聚已经无法更好地发挥其在集聚区的环境外部性优势。根据模型4和模型6,可以得知:

(1)地区人均消费水平。地区人民生活水平对环境技术效率的影响呈显著的二次曲线关系,即随着人均生活水平的提高,环境技术效率先上升后下降,这与环境库兹涅茨曲线的经验结果并不一致。回归结果表明,随着人均生活水平的提高,在刺激经济发展的同时,对环保要求也不断提高,从而有利于促进环境与经济的协调发展;但是当人均生活水平达到一定程度后,消费者开始要求更大的居住地、消费更多的奢侈品,从而消耗了更多的能源和资源,严重抵消了环境技术效率的提高。众多经验研究表明,经济较为发达的国家和地区比欠发达国家和地区消耗了世界更多的资源和能源,使全球范围内的环境技术效率水平整体上呈下降趋势。

(2)工业结构。由资本与劳动力比值代表的工业结构与环境技术效率呈显著的负相关关系,这表明,无论是增加资本还是增加劳动力都可能会降低环境技术效率,即便是资本密集型产业居多的地区也可能无法更好地实现经济与环境的协调发展,这一结论与王兵(2010)等的研究结果不一致,原因可能在于无论是资本密集型还是劳动密集型都无法与技术密集型产业更能促进环境技术效率的提高。

(3)科技投资。回归结果表明,科技投资的增加能够使环境技术效率得到显著提高。科技投入的加大能够促进新技术的使用和推广,提高地区科技竞争力,为提高能源利用效率、促进节能减排的实施提供了良好的技术基础。

(4)能源消耗。一个地区能源消耗占生产总值的比重越大,说

157

明该地区的环境技术效率可能是越低的,因为我国的能源禀赋结构决定了煤炭是主要的可消费能源,能源消耗多说明该地区将生产出更多的"坏产出",从而导致环境技术效率的降低。回归结果表明单位地区能耗与环境技术效率呈负相关关系,支持了这一假设的成立。

(5)企业环境管理能力。企业环境管理能力不断增强是解决环境问题的内在动力。回归结果表明企业的环境管理能力与环境技术效率呈现显著正相关关系,即环境管理能力的提高能够极大地促进环境技术效率的提高。因此,充分发挥企业节能减排的积极性、加强对企业污染排放管制力度能够更好地提高企业环境管理能力,促使其自发地进行环境保护,进而提高环境技术效率。

二、东、中、西部专业化影响环境技术效率的差异化回归

为了更清楚地了解我国东中西部地区产业集聚对环境技术效率影响的差异,将全样本分为东、中、西三个子样本分别进行回归,结果见表6-9。根据豪斯曼检验,均拒绝随机效应,选取固定效应模型的回归结果。

表6-9　产业集聚对省际环境技术效率影响的回归结果

解释变量	东部		中部		西部	
	模型7	模型8	模型9	模型10	模型11	模型12
	FE	RE	FE	RE	FE	RE
C	0.172 (1.141)	0.542*** (10.150)	−0.334 (−1.375)	0.615*** (13.515)	0.523*** (7.022)	0.640*** (23.748)
h	2.675*** (1.982)	0.599 (0.573)	−1.236 (−1.261)	−0.952 (−1.410)	−1.596*** (−3.292)	−1.180*** (−2.570)
h2	−8.627* (−1.783)	−3.624 (−0.787)	5.290 (1.742)	2.366 (1.020)	7.600*** (3.605)	5.684*** (2.875)
rjgdp	0.218*** (6.694)	0.097*** (6.723)	0.403*** (5.114)	0.147*** (2.901)	0.011 (0.527)	−0.035** (−2.157)
rjgdp2	−0.013*** (−5.500)	−0.007*** (−4.684)	−0.051*** (−2.874)	−0.019*** (−1.249)	0.033*** (9.574)	0.037*** (11.953)

续表

解释变量	东部		中部		西部	
	模型 7	模型 8	模型 9	模型 10	模型 11	模型 12
	FE	RE	FE	RE	FE	RE
jjjg	−0.050 (−0.322)	0.001 (1.187)	−0.021 (−0.437)	−0.053 (−1.226)	−0.199*** (−2.774)	−0.072* (−1.649)
kjtz	0.019*** (2.816)	0.012*** (2.692)	−0.081** (−2.073)	0.050 (0.262)	0.031* (1.875)	0.046*** (3.689)
nh	0.4271 (0.040)	−0.086*** (−4.004)	0.394*** (3.587)	−0.032*** (−2.621)	0.055** (2.126)	0.363 (0.592)
qyhg	0.107*** (1.672)	0.245*** (5.044)	0.185* (1.639)	0.010 (0.300)	0.019 (0.562)	0.775 (0.432)
H 拐点						
R^2	0.931	0.845	0.774	0.591	0.929	0.889
F−Test	59.547 (0.000)	60.883 (0.000)	11.795 (0.000)	11.405 (0.000)	58.892 (0.000)	90.883 (0.000)
Hauseman Test		0.000		0.000		0.000
样本	98	98	72	72	100	100

注:FE 代表固定效应模型,RE 代表随机效应模型,***、**、*分别表示 1%、5%以及 10%的显著性水平,变量的估计结果中,括号内为 T 统计值,在 F−statistic 的列中,括号内为伴随概率 P 值。

159

从模型 7、模型 9 和模型 11 的回归结果可以看出,东、中、西部地区的产业集聚对环境技术效率的影响存在差异。其中,东部地区的产业集聚与环境技术效率之间呈倒 U 型关系,在西部地区二者呈 U 型显著相关关系,而在中部地区二者之间的关系并不显著。东部地区具有雄厚的经济基础、优越的区位优势以及较高的技术水平,吸引了大量资源的集聚,促进产业集聚不断经历着"集聚—分散—再集聚"的过程,随着产业集聚的不断发展,其规模经济优势和环境外部性优势同时显现,极大促进了环境技术效率水平的提高;当集聚发展到一定程度,拥挤效应产生,生态承载压力过大,集聚的环境外部性将不能发挥作用,"坏产出"的增加导致环境技术效率呈现下降趋

势,因此,产业集聚对环境技术效率的影响在整个发展阶段中呈现"倒 U 型"关系。而我国的西部地区是我国能源的主要供应地,多以能源密集型产业为主,且环保节能的先进技术和管理经验较为缺乏,是节能减排困难最大的地区,因此,在产业集聚发展的前期,环境技术效率呈下降趋势;随着粗放型经济增长模式的弊端日益凸显,西部地区产业转型升级步伐加快,经济增长方式得到转变,这时在产业集聚规模经济效应发挥作用的同时,集聚带来的环保节能优势表现出来,促进了环境技术效率的提高,所以产业集聚与环境技术效率呈现"U 型"关系。从经济发展阶段和产业集聚的生命周期来看,西部地区的发展落后于东部地区,东部地区比西部地区的发展速度几乎快了一个阶段,可以判断,西部地区正在由产业集聚的初始阶段向中级阶段迈进,而东部地区正在由产业集聚的发展阶段向成熟阶段迈进,产业集聚生命周期的不同阶段使其发挥规模经济和环境外部性的作用不同,因而其与环境技术效率关系的表现形式也不同。我国的中部地区包括黑龙江和吉林在内的东北老工业基地,也包括山西、湖南、湖北等六个能源、环境密集型省份,这些省份的能源结构、经济结构及环境技术水平相对稳定,产业集聚对环境技术效率没有直接影响。

(1)地区人均消费水平。在人均 GDP 对环境技术效率的影响方面,东部和中部地区与全国数据的回归结果一致,即随着人均生活水平的提高环境技术效率先上升后下降,这与之前的研究结果保持了较好的一致性。由于西部地区的产业集聚发展较为缓慢,其经济和环境效应表现得并不突出,因此产业集聚对环境技术效率并没有产生影响。

(2)工业结构。工业结构在东、中、西部地区对环境技术的影响中,只有西部地区是显著的,且与全国数据的检验结果保持了一致性。而东部和中部地区的工业结构对环境技术效率没有产生影响,无论是增加资本还是增加劳动力都将不会改变环境技术效率。

（3）科技投资。科技投资对三大区域的环境技术效率均具有显著作用,其中东部和西部地区的科技投资对环境技术效率的提高具有显著的促进作用,科技投资的增加促进了新技术的发明与创新,显著提高了区域科技实力,为环境技术效率的提高提供了良好的技术保障。中部地区的科技投资对环境技术效率的提高起到反作用,这主要是因为中部地区的各级政府对科技投资的力度较弱,节能环保技术的创新和推广成本上升导致环境技术效率相对下降。

（4）能源消耗。能源消耗在东、中、西部地区对环境技术效率的影响差异较大,并与全国能源消耗对环境技术效率的检验结果相反。东部地区的能源消耗并没有对环境技术效率产生任何影响。中西部地区作为主要的资源型省份,以煤炭为主要资源的大量消耗,造成了资源的大量浪费,煤炭燃烧过程中产生的大气污染对环境造成了恶劣影响,因此中西部地区能耗消耗越大,环境技术效率越低。这与我国区域发展的实际情况是基本符合的。

（5）企业环境管理能力。企业环境管理能力对三大地区的影响程度不一。东部地区的企业环境管理能力对环境技术效率的影响显著正相关,东部地区的企业规模大、实力强、技术水平高,有能力通过软实力和硬实力两个方面提高企业环境管理能力,从根本上催生了企业环保节能的动力,从而促进环境技术效率水平的提高。中地区的企业环境管理能力也与环境技术效率水平显著正相关。西部地区由于经济和技术水平较低,企业环境管理水平有限,因此西部地区的企业环境管理能力的影响系数在5%的显著性水平下不显著。

以上研究从产业和省份两个层面研究了产业集聚对环境技术效率的影响,分析了产业集聚对环境与工业协调发展的作用。实证结果表明,无论从制造业层面还是省际层面,产业集聚与环境技术效率之间都呈"倒U型"关系,目前我国产业集聚处于中级阶段,产业集聚度正在向拐点逼近。不同协调组的制造业行业集聚对环境技术效率的影响与全国数据的检验结果保持了较好的一致性,不同行业的

161

集聚对环境技术效率的影响存在一定差异;同时,东、中、西部三大地区的专业化分工程度对环境技术效率的影响也存在较大差异。分析影响环境技术效率的其他因素时,在制造业层面,中小企业、人民生活水平的提高对环境技术效率起到促进作用;环境规制没有促进环境技术效率的改进;FDI 对环境技术效率的促进作用只在高协调组中有效;没有迹象表明科技投入强度对环境技术效率具有促进作用,但是高新技术产业更能说明产业集聚对环境与工业协调性的作用,而劳动密集型产业作用不显著。在省际层面,地区人均消费水平与环境技术效率呈显著的二次曲线关系,科技投资和企业环境管理能力对环境技术效率具有正相关的显著影响,工业结构和能源消耗与环境技术效率显著负相关。其中各影响因素在三大区域对环境技术效率的影响存在差异。基于此,本书认为应该作出如下努力:

第一,大力推进产业集聚区域的发展,客观判断产业集聚的可持续发展边界,规避拥挤效应的产生。众所周知,在中国的工业化进程中,产业集聚的发展壮大对全要素生产率的提高意义重大,但产业集聚的发展不是无限的,当集聚发展到一定程度,拥挤效应随之产生,导致产业集聚内环境容量受限、资源短缺程度恶化。因此要想从根本上提高环境技术效率,既要促进产业集聚的健康、快速发展,又必须努力避免集聚拥挤效应的产生。所以,通过集聚优势促进产业、区域生产前沿面的产生,不仅是产业集聚度进行优化的重要前提,更是提高环境技术效率的有效途径。为此,政府应因势利导,为制造业集聚的发展创造良好的经营环境,制定完善的产业集聚发展法律法规,健全集聚发展机制,因地制宜地制定制造业集聚发展政策,保障通过发挥集聚的最大优势来促进环境技术效率的提高,进而促进产业竞争力的提升和区域经济的可持续发展。

第二,重视和利用产业集聚对环境技术效率的促进作用。实证结果表明,产业集聚能够通过增加"好产出"、减少"坏产出"来实现环境技术效率的提高。因此应该积极引导集聚发挥自身优势,通过发挥经济外部性和环境外部性的双重作用,使中国环境技术效率得到大幅度提升。政府在制定产业政策或区域经济政策时,既要考虑集聚对经济增长的作用,还需考虑其对环境的影响。建议将环境技术效率作为考察省份产业集聚发展成效的重要指标,将其纳入地方政府考核体系,为环保节能工作提供有效的政策保障和政策激励。

第三,将产业集聚的优势与工业结构、技术进步、外商投资、能源消耗等多方面因素结合起来,共同促进环境技术效率的提高。在产业集聚内通过产业结构升级来优化产业构,使依靠加工制造为主的低端发展模式向高附加值、高科技含量的高端发展迈进,这是环境技术效率提高的内在要求。技术进步是提高环境技术效率的关键,也是转变经济发展方式的根本,在集聚内通过加大环保节能技术的创新及推广,提升纯技术效率,是实现环境技术效率水平跨越式提高的主要途径,政府应增加技术创新投入力度,积极促进新技术的研发、应用与推广。外商直接投资带来大量的技术外溢,从整体上提高了环保节能领域的技术水平,地方政府应该在不盲从、不求多的前提下制定优惠政策,吸引外资进入集聚区域,使其成为环境技术效率提高的"助推器"。以煤炭为主的能源结构一直是制约环境问题的瓶颈,各级政府应在工业经济健康、有序发展的前提下制定能源优化政策,提倡可再生能源、新能源的使用,为环境技术效率的提高奠定坚实的基础。

163

第七章　制造业集聚外部性影响环境技术效率的实证研究

　　第五章实证检验了产业集聚与环境污染之间的关系,第六章实证检验了产业集聚与环境技术效率之间的"倒 U 型"关系。两个实证从不同的侧面表明,在产业集聚的发展过程中,集聚能够通过增加"好产出"、减少"坏产出"促进环境技术效率的提高,从而实现工业经济与环境的协调发展。在这一章节,我们将进一步研究产业集聚对环境技术效率影响的的实现机制,即产业集聚如何通过集聚外部性对环境技术效率产生影响,各级政府应如何利用集聚的外部性提升环境技术效率,进而促进节工业经济与环境协调发展。本章既是对第五、六章实证研究的深入,也是理论研究的落脚点。

　　工业经济与环境的协调发展,是全球共同面临的经济、社会、环境问题,而归根结底它是如何提高环境技术效率的问题。据《2010年世界发展报告》,到 2020 年,中国 GDP 总量增长约是 2000 年的5.5 倍,与之相对应,二氧化碳排放总量是 2000 年的 3.5 倍左右。这表明,具有中国特色的"高增长、高排放"的"跛形"工业化模式将诱致更多的污染排放,使环境与工业发展失衡的矛盾加剧。由此,中国环境技术效率的提升面临着严峻的考验,工业化进程的提速也将受到严重威胁,寻求通过发挥具有内生节能减排动力的产业组织外部性优势,来促进工业经济与环境的协调、友好发展,是现实而可行的路径。

本章将在第六章实证结果的基础上,对集聚的马歇尔外部性和雅各布斯外部性对环境技术效率的影响进行深入探讨,旨在挖掘产业集聚对环境技术效率影响的内在机制,具体安排如下:第一节将在理论分析的基础上提出四个基本假设,第二节是实证检验的指标性描述与数据来源,第三节利用全样本数据、不同协调组数据和产业差异化数据对理论假设进行实证分析。

第一节　制造业集聚外部性影响
环境技术效率的假设

在第六章,我们将产业集聚的发展阶段以拥挤效应为分界点分为两个阶段:拥挤效应产生之前为产业集聚的发展壮大阶段,在这一时期,随着产业集聚度的提升,环境技术效率也得到提高;拥挤效应产生之后为产业集聚的衰落阶段,随着集聚度的进一步增强,环境技术效率呈下降趋势。沿用这一逻辑,产业集聚外部性对环境技术效率的影响也将在这一分析框架下展开。

马歇尔外部性强调专业化分工的作用,认为以劳动市场共享、专业化投入品共享、服务与知识外溢等为主的外部性是产业集聚的优势所在,通过这些优势,集聚内企业能够促进生产率的提高,进而增强产业和区域竞争力。在产业集聚的第一阶段,集聚的马歇尔外部性优势将资本、技术、劳动力等资源迅速集聚于某个行业,使行业的产业链得到延伸,产业关联度增强,行业之间及行业内部形成创新网络,集聚内的企业通过集聚的外部性共享环保节能知识、节能减排技术、环保节能设施以及专职环保人员的劳动成果,减少污染治理成本,增加经济、环境和社会效益,环境技术效率得到提高。随着产业集聚度的进一步提高,拥挤效应产生,非移动要素价格攀升,土地资

源紧缺、一次能源消耗总量增加、污染排放增大（Delacroix 等，1989），产业集聚内企业在环保节能领域的合作成本和机会成本增加，共同进行节能减排的活动趋于稳定或倾向于不合作，马歇尔外部性带来了正效应减弱、负效应增强，环境技术效率下降。由此我们提出：

假设1：在产业集聚的第一个阶段，随着马歇尔外部性增强，环境技术效率提高；当马歇尔外部性增强到一定程度，环境技术效率将下降。马歇尔外部性与环境技术效率呈"倒U型"关系。

雅各布斯外部性强调在一个区域内，多样化集聚通过中间投入设施共享、产业关联、跨行业合作等外部性带来集聚优势，大幅度增加了就业，极大促进了全要素生产力的提高。在集聚的第一阶段，多样化集聚通过多个行业共享脱硫设施等污染治理设备，使治污成本大大降低；同时，上下游产业链中的节点企业外溢环保节能知识、技术成果，使链条的其他企业无偿获得这种外部性收益，提高了整个产业链的环保节能水平，这种外部性客观上诱致了环境技术效率的提高。在集聚的第二个阶段，雅各布斯外部性吸引了更多的行业集聚在某个区域，一次能源、土地资源紧缺，环境污染排放增多，拥挤效应迅速膨胀，此时，雅各布斯外部性的正效应衰弱或消失，环境技术效率下降。现实中，雅各布斯外部性对工业经济与环境的协调发展意义重大，如绍兴兰亭镇为了减少环境污染，将织机加工业、绣花加工业、圆机加工业统一集中到家庭集聚点（沈萧，2007），不仅扩大了生产规模，还通过共享环保设施、共履环保义务减少了治污成本，使环境技术效率大大提高。但是，随着家庭集聚点不断扩大，土地资源紧缺，环境污染严重，雅各布斯外部性的正效应失效，环境技术效率下降。由此我们提出：

假设2：在产业集聚的第一个阶段，雅各布斯外部性增强促进了环境技术效率的提高；当集聚发展到第二阶段，雅各布斯外部性继续增强使环境技术效率下降。雅各布斯外部性与环境技术效率呈"倒

U 型"关系。

理论上,马歇尔外部性关注专业化集聚带来的优势,而雅各布斯外部性注重多样化集聚产生的影响,由此这两种外部性看似是一对相互矛盾的外部性。现实中,马歇尔外部性与雅各布斯外部性并不是非此即彼的,而是可以同时存在,并同时发挥集聚优势的。亨德森(Henderson,1997)从城市规模的角度进行了研究,认为在中小城市中,更多的产业趋向于专业化集聚,大城市中的产业较多地趋向于多样化集聚;阿本戴尔·拉赫曼和藤田(Abdel-Rahman 和 Fujita,1990)得出了相反的结论,认为产业在大城市中更趋向于专业化集聚。这说明,专业化集聚和多样化集聚可能同时存在,只是在不同规模的城市中,二者的作用大小存在差异。在中国,马歇尔外部性和雅各布斯外部性在不同规模的城市中均促进了经济发展的例子比比皆是。比如,海口的汽车产业是一种专业化集聚,2007 年创造的生产总值占全省经济总量的 34.6%[①],对区域经济增长至关重要,而汽车产业上下游产业链之间的集聚优势体现为雅各布斯外部性的有效发挥。而在广州这样的大城市中,汽车制造业、石油化工制造业、电子信息制造业等多个产业集聚同时存在,雅各布斯外部性吸引各产业不断向具有良好经营环境的广州集聚,在每个集聚产业内部,马歇尔外部性的优势亦得到发挥。所以,在工业经济与环境协调发展的过程中,马歇尔外部性通过某个行业的专业化集聚优势影响环境技术效率,雅各布斯外部性起辅助作用;雅各布斯外部性在不同行业之间发挥集聚优势,在每个行业内部马歇尔外部性起到辅助作用。由此我们提出:

假设 3:马歇尔外部性和雅各布斯外部性对环境技术效率共同起作用。在产业集聚的不同阶段作用不同,在集聚的第一阶段,两个

---

① 资料来源:郑峰、叶得安主编,海口市统计局、国家统计局海口调查队编:《海口统计年鉴 2008》,中国统计出版社 2008 年版。

外部性促进环境技术效率的提高;在集聚的第二阶段,两个外部性导致环境技术效率降低。马歇尔外部性与雅各布斯外部性同时环境技术效率呈"倒 U 型"曲线关系。

虽然马歇尔外部性和雅各布斯外部性可能同时存在,但是它们对不同环境技术效率组的环境技术效率影响不同。在经济实力较强、技术水平较高、专业化人才更加集中的大企业中,环境技术效率更高,专业化集聚带来的马歇尔外部性对其影响更大,因此马歇尔外部性在环境技术效率较高的行业中能够更好地发挥作用;前述实证也已经表明企业规模小、生产效率较低、节能减排意愿低的中小企业,其环境技术效率较低,由于多样化集聚关注不同行业之间的依存程度,因此雅各布斯外部性对环境技术效率较低的行业具有更显著的影响。由此我们提出:

假设4:马歇尔外部性对协调性较强的产业作用显著,而雅各布斯外部性对协调性较弱的产业作用显著。

168

第二节　马歇尔外部性、雅各布斯
外部性与环境技术效率

本章将采用中国 2001—2008 年 28 个制造业[①]的面板数据检验上述 4 个理论假设。环境技术效率为被解释变量,马歇尔外部性和雅各布斯外部性为关键解释变量,企业赢利能力、科技投资、人力资本、外商直接投资、环境规制等因素作为影响环境技术效率的控制变量,各指标统计性描述如下。

---

①　按照 2002 年《国民经济行业分类标准》划分,本应选取 30 个制造业作为样本行业,但是"工艺品及其他制造业"和"废气资源和废旧材料回收加工业"两个行业数据缺失较多,为了数据的完整性和计算结果的有效性,将这两个行业从样本中剔除。

一、环境技术效率指标的测度

环境技术效率实际是指环境产出的最佳可能前沿,指在投入一定的条件下,"好产出"最大、"坏产出"最小的可能性集合,用来衡量工业经济与环境协调发展的程度。本章将延续上一章的指标,在方向性距离函数的基础上,基于非线性前沿方法计算环境技术效率,取值区间为(0,1),数值越接近于 1 表示环境技术效率越高,数值越接近于 0 表示环境技术效率越低。环境技术效率用 ETE 来表示。测算方法和结果见第三章。

二、马歇尔外部性与雅各布斯外部性的考量

由于专业化集聚更多的带来马歇尔外部性,本章从专业化分工的角度来衡量马歇尔外部性。很多学者认为,行业就业人数是衡量产业外部性较为准确的指标(亨德森,1986)。参照亨德森(2003)和范剑勇等(2009)的研究,以中国 28 个制造业各行业就业人数与全国就业人数的比来表示制造业行业的专业化程度,并以该专业化程度衡量马歇尔外部性,记为 spe,数据来源于《中国统计年鉴》(2002—2009 年)。

产业多样化通常会带来雅各布斯外部性,因此,可以采用赫芬达尔指数、空间基尼系数、泰尔(Theil)熵指数多种代表产业多样化的指标来度量。参照傅十和等(2008)用 1 减去各制造业行业赫芬达尔指数衡量雅各布斯外部性,本章采用 1 减去各制造业行业的空间基尼系数来度量,具体表示为:

$$\text{diver} = 1 - gni = 1 - \frac{1}{2n^2 \bar{s}_k} \sum_{i=1}^{n} \sum_{j=1}^{n} |s_{ki} - s_{kj}| \qquad (7-1)$$

其中 diver 表示雅各布斯外部性,gni 代表产业空间基尼系数,s_{ki} 和 s_{kj} 是 i、j 地区 k 产业占全国 k 产业的销售份额,n 指地区个数,$\bar{s}_k$ 代表各地区 k 产业在全国 k 产业中所占份额的均值。显然,若 gni

的值为 1,表明产业 k 可能完全集中在一个区域,该地区的专业化程度极高,马歇尔外部性占优势主导地位;若 gni 的值为 0,则表示所有地区产业 k 的份额相等,产业 k 的地区分布完全均衡,该地区表现为多样化集聚,雅各布斯外部性占优势主导地位。本书根据 2001—2008 年 28 个制造业行业 31 个省份的主营业务收入数据测算行业空间基尼系数,用 1 减去空间基尼系数来度量雅各布斯外部性,数据来源于《中国工业企业库》(2001—2009 年)。

三、其他控制变量的选取与测算

本章认为,科技投资、外商直接投资、人力资本、企业赢利能力、环境规制等因素对环境技术效率均有影响。科技创新是产业竞争力提升和环保节能行动实施的不竭动力,增加科技投资投入是科技创新的最基本保障。本书用不变价大中型工业企业微电子设备原价比生产经营范围的设备原价,度量各制造业产业的自主研发投入,记为 tech。国际贸易理论认为,国际贸易通过规模经济效应和技术外溢效应对环境问题产生影响巨大(Grossman 和 Krugman,1991)。Cole (2004)认为发达国家将一部分产业转移给发展中国家,是国际贸易的一种主要形式,发达国家在进行产业转移时,在转移产业的同业也带来了先进的技术,极大地促进了中国产业承接地的区域经济发展,同时也因技术的先进和规制的严格性促使环境污染减少。基于此,用不变价各制造业行业外商资本和港澳台资本的总和来衡量外商直接投资,记为 fdi,单位为亿元。学习曲线理论认为,就业人员的平均知识水平决定了一个行业劳动生产率的高低(Barro 和 Sala-I-Martin, 2004)。同理,在环保节能行动中,"干中学"产生的正面效应能够提高就业人员节能减排技术水平和环保意识,极大地促进环境技术效率的改进。本书用大中型企业科技人员数占从业人员比重衡量各行业的人才结构,记为 humancap。企业赢利能力决定了一个企业进行环保节能的能力和意愿。一般来说,赢利能力较差的企业通常以高

170

污染、高消耗的粗放型经济增长方式进行生产,通过增加成本进行环境污染治理的意愿小,节能减排压力大,致使环境技术效率水平较低;而赢利能力较好的企业经济技术实力强,且愿意通过绿色生产树立良好的社会形象,从而使环境技术效率提高较快。本章以不变价工业总产值与单位企业个数的比值来表示单个企业的平均总产值,并以此代表企业赢利能力,记为 abi,单位为万元/个。环境规制对环境技术效率具有重要意义,严格的环境规制会导致两种结果:一种是通过环境规制,环境污染得到缓解,环境技术效率得到提高;另一种是环境规制降低了依靠煤炭等一次能源进行生产的传统制造业的全要素生产率水平(Green Stone,2002),从而使环境技术效率下降。本章用各制造业各行业的脱硫设施数量度量环境规制,记为 regu,单位为万套。

　　以上各控制变量的指标数据分别来源于《中国科技统计年鉴》(2002—2009 年)、《中国经济贸易年鉴》(2002—2009 年)、《中国科技统计年鉴》(2002—2009 年)、《中国统计年鉴》(2002—2009 年)和《中国环境年鉴》(2002—2009 年)。以上指标各变量的统计性描述见表 7-1。

171

表 7-1　主要变量的统计性描述

变量	符号	样本数	均值	标准差	最大值	最小值
环境技术效率	ETE	224	0.734	0.160	1	0.570
马歇尔外部性	spe	224	0.029	0.021	0.090	0.002
雅各布斯外部性	diver	224	0.349	0.103	0.585	0.169
科技投资	tech	224	13.664	7.021	37.800	3.300
外商直接投资	fdi	224	481.511	547.757	4196.931	1.053
人力资本	humancap	224	4.393	2.571	11.500	0.600
企业赢利能力	abi	224	1.396	2.553	24.056	0.196
环境规制	regu	224	570.798	677.726	3452.000	18.000

第三节 制造业集聚外部性影响环境 技术效率的实证分析

一、集聚外部性影响环境技术效率的模型构建

由于马歇尔外部性与雅各布斯外部性在产业集聚的不同发展阶段对环境技术效率的影响不同,我们假定两种外部性与环境技术效率是非线性相关关系,因此,在模型中分别引入马歇尔外部性和雅各布斯外部性的二次项。由于产业专业化集聚和多样化集聚之间存在非线性关系(傅十和,2008),所以在线性回归模型中同时包括马歇尔外部性和雅各布斯外部性不会导致多重共线性。由此,在 Fare(2007)和傅十和(2008)改进的基础上,本书的计量模型设定为:

$$ETE_{it} = \alpha_i + \beta_1 spe_{it} + \beta_2 spe_{it}^2 + \beta_3 diver_{it} + \beta_4 diver_{it}^2 + \beta_5 tech_{it} + \beta_6 humancap_{it} + \beta_7 abi_{it} + \beta_8 fdi_{it} + \beta_9 regu_{it} + \varepsilon_{it} \qquad (7-2)$$

其中,第 i 个行业第 t 年的环境技术效率为被解释变量,由 ETE_{it} 表示;spe_{it} 和 $diver_{it}$ 是关键被解释变量,分别代表第 i 个行业第 t 年的马歇尔外部性和雅各布斯外部性;科技投入($tech_{it}$)、外商直接投资(fdi_{it})、人力资本($humancap_{it}$)、企业赢利能力(abi_{it})、环境规制($regu_{it}$)分别为控制变量,α_i 为特定的截面效应,ε_{it} 为随机误差项。为保证回归结果的稳健性,分别采用固定效应模型和随机效应模型两种估计方法进行实证检验,根据 Hausman 检验,如果 H 统计值小于临界值,则拒绝原假设。在每一组估计中,若选取其中一种估计方法,则另一种估计结果作为参考。

二、集聚外部性影响环境技术效率的全样本回归

首先对 2001—2008 年 28 个制造业的全样本数据进行估计。为保证回归结果的稳健性,根据 7-2 模型做 5 组回归,Hausman 检验结

果均拒绝了原假设,选取固定效应模型作为研究对象,随机效应结果作为参考,回归结果见表7-2。

从模型1的估计结果可知,马歇尔外部性的一次项系数为正,二次项系数为负,表明马歇尔外部性与环境技术效率呈显著"倒U型"关系,曲线转折点位于0.066临界值处。回归结果的经济意义显而易见:马歇尔外部性的逐步增强不断促进了环境技术效率水平的提升,马歇尔外部性极大地促进了工业经济与环境的协调、友好发展;当专业化集聚水平达到0.066的临界值后,环境技术效率水平下降,即马歇尔外部性对工业经济与环境的协调发展不再发挥正面作用。具体来说,随着集聚度的提高,集聚内企业构成创新网络,技术和知识存量不断增加,环保设施共享效果显著,"好产出"增加和"坏产出"减少的可能性大大增加,不断向技术前沿趋近,环境技术效率逐步提高;达到拐点后集聚度继续升高,但此时的土地等自然资源和拥挤效应带来的环境污染等外在不经济因素阻止马歇尔外部性优势的发挥,环境技术效率呈下降趋势。模型3的回归结果证实了马歇尔外部性与环境技术效率之间呈"倒U型"关系的稳健性,即在加入控制变量的条件下,马歇尔外部性与环境技术效率之间仍呈"倒U型"关系。值得一提的是,加入控制变量后,产业集聚的拐点由原来的0.066提前到0.045,这表明,通过技术投入增加、外商直接投资增强等因素的作用,促使了马歇尔外部性与环境技术效率"倒U型"关系临界值的降低。由此得出本书的第一个经验检验结论:

经验事实1:马歇尔外部性与环境技术效率呈"倒U型"关系,假设1得到证实。

表7-2 全样本马歇尔外部性与雅各布斯外部性对环境技术效率影响的估计结果

解释变量	模型1	模型2	模型3	模型4	模型5	模型6	模型7	模型8	模型9	模型10
	FE	RE	FE	RE	FE	RE	FE	RE	FE	RE
C	0.572*** (8.424)	0.661*** (11.638)	0.595*** (7.168)	0.662*** (13.422)	0.686*** (4.529)	0.731*** (5.499)	0.569*** (3.756)	0.615*** (5.036)	0.461*** (2.774)	0.552*** (4.371)

续表

解释变量	模型1	模型2	模型3	模型4	模型5	模型6	模型7	模型8	模型9	模型10
	FE	RE	FE	RE	FE	RE	FE	RE	FE	RE
Spe	8.292** (2.268)	3.851 (1.434)	6.423* (1.682)	5.121** (2.172)					6.199* (1.692)	4.610** (2.030)
spe2	−62.518** (−1.904)	−29.568 (−1.128)	−71.153** (−2.088)	−67.624*** (−2.767)					−66.957** (−2.046)	−59.724*** (−2.532)
Diver					1.105* (1.410)	0.777 (1.094)	1.541** (1.953)	1.237** (1.817)	1.607** (2.043)	1.275** (1.895)
diver2					−2.533** (−2.517)	−2.010** (−2.122)	−3.037*** (−3.021)	−2.490** (−2.732)	−3.074*** (−3.075)	−2.470*** (−2.740)
Tech			0.1824* (1.527)	0.150 (1.315)			0.2069* (1.792)	0.1479 (1.329)	0.169 (1.452)	0.122 (1.104)
Fdi			0.591*** (3.138)	0.684*** (4.149)			0.439*** (2.913)	0.477*** (3.333)	0.569*** (3.060)	0.630*** (3.858)
Human-Cap			0.100 (0.191)	−0.265 (−0.623)			−0.048 (−0.098)	−0.036 (−0.086)	0.065 (0.126)	−0.176 (−0.423)
Abi			0.241 (0.695)	0.6135* (1.881)			0.293 (0.885)	0.676*** (2.162)	00.400 (1.196)	0.785*** (2.486)
Regu			−0.334 (−1.070)	−0.717*** (−3.295)			−0.370* (−1.376)	−0.562** (−2.757)	−0.616** (−2.009)	−0.754*** (−3.544)
拐点	0.066	—	0.045	—	0.218	—	0.254		0.046; 0.261	—
R^2	0.896	0.012	0.906	0.159	0.902	0.081	0.912	0.198	0.915	0.225
F-statistic	58.120 (0.000)	0.269 (0.000)	53.468 (0.000)	5.816 (0.000)	61.941 (0.000)	9.809 (0.000)	57.719 (0.000)	7.607 (0.000)	55.390 (0.000)	6.859 (0.000)
Hausman Test		0.1		0.007		0.1		0.003	—	0.005
样本	224	224	224	224	224	224	224	224	224	224

注:FE 代表固定效应模型,RE 代表随机效应模型,*** 、** 、* 分别表示 1%、5% 以及 10% 的显著性水平,变量的估计结果中,括号内为 T 统计值,在 F-statistic 的列中,括号内为伴随概率 P 值。

　　从模型 5 的回归结果可知雅各布斯外部性一次项系数和二次项系数的符号分别为正和负,说明雅各布斯外部性与环境技术效率也呈显著的"倒 U 型"关系,曲线转折点位于 0.218 临界处。回归结果证实了一个基本事实:随着雅各布斯外部性的增强,集聚内行业之间以及不同产业集聚之间可以通过劳动力互补、市场竞争、上下游企业通力合作等方式使治污成本减少、经济利益提高,进而极大地促进环境技术效率的提升;但雅各布斯外部性的拐点到来以后,拥挤效应、资源短缺、恶性竞争等不利因素导致的成本将高于雅各布斯外部性优势带来的利益,环境技术效率下降。模型7的回归结果也证实了雅各布斯外部性与环境技术效率之间的"倒U型"关系,所以雅各布斯外部性对环境及工业协调性呈"倒U型"关系是稳健的。与马歇尔外部性不同,加入外商直接投资、技术投入和环境规制等因素后,雅各布斯外部性拐点由0.218推迟到0.254,表明这些外在因素阻碍了雅各布斯外部性优势的发挥。由此得出本书的第二个经验检验结论:

经验事实2:雅各布斯外部性与环境技术效率呈"倒U型"关系,假设2得到证实。

模型9的回归结果表明,在加入控制变量后,马歇尔外部性与环境技术效率呈显著"倒U型"关系的同时,雅各布斯外部性与环境技术效率也呈显著的"倒U型"关系,这说明马歇尔外部性与雅各布斯外部性可以同时存在,并且能够同时对环境技术效率产生重要影响。我们发现,当两个外部性同时对环境技术效率产生影响时,只有外商直接投资和环境规制两个控制变量的回归结果是显著的,而其他控制变量均不显著,这说明两个外部性同时作用对环境技术效率的影响是更大的,能够在一定程度上以互补的方式直接作用于环境技术效率水平的变化。由此得出第三个检验结论:

经验事实3:马歇尔外部性和雅各布斯外部性对环境技术效率可以同时发生作用,且效果显著,假设3得到证实。

三、不同协调组中集聚外部性对环境技术效率的影响

现实中,中国28个制造业行业的环境技术效率存在较大差异,由此引发的问题是:马歇尔外部性和雅各布斯外部性在环境技术效率较高的行业与环境技术效率较低行业中是否存在相同的影响? 为了解决这个问题,我们将环境技术效率按照降序排序,将排名前14位的制造业样本作为高协调组,排名后14位的制造业样本作为低协调组,为与第六章中对制造业分组保持较好的一致性,并更好地进行

对比研究,这里的回归模型与全样本相同。为了回归结果的稳健性,做 2 组回归由 4 个模型组成,根据 Hausman 检验的结果,均拒绝原假设,选取固定效应模型的估计结果进行分析,随机效应估计结果作为参考,回归结果见表 7-3。

表 7-3 不同协调组内马歇尔外部性与雅各布斯外部性对环境技术效率的影响

解释变量	高协调组		低协调组	
	模型 1	模型 2	模型 3	模型 4
	FE	RE	FE	RE
C	0.187 (0.444)	0.775 ** (3.319)	0.269 ** (2.059)	0.312 *** (3.716)
spe	14.873 ** (2.337)	7.055 ** (2.367)	3.437 (1.081)	−0.584 (−0.337)
spe2	−238.608 *** (−3.759)	−153.963 *** (−3.710)	−14.510 (−0.539)	5.764 (0.328)
diver	3.047 (1.234)	0.146 (0.097)	1.581 *** (2.992)	1.675 *** (3.767)
diver2	−5.223 (−1.513)	−0.429 (−0.185)	−2.698 *** (−4.077)	−2.490 *** (−4.351)
tech	0.321 (1.606)	0.260 (1.545)	−0.162 * (−1.652)	−0.172 * (−1.827)
Humancap	−0.560 (−0.598)	−1.021 * (−1.967)	1.331 *** (2.825)	1.049 *** (2.823)
fdi	4.177 *** (3.563)	3.366 *** (4.111)	0.235 (0.502)	0.553 (1.346)
abi	1.790 *** (4.343)	1.430 *** (4.075)	0.082 (0.341)	0.192 (0.888)
regu	0.609 (0.746)	−0.252 (−0.351)	−0.106 (−0.447)	−0.165 (−1.125)
拐点	0.031	—	0.293	—
R^2	0.821	0.271	0.721	0.359
F-statistic	18.344 (0.000)	4.182 (0.000)	10.461 (0.000)	6.367 (0.000)
Hausman Test	—	0.001	—	0.006

解释变量	高协调组		低协调组	
	模型 1	模型 2	模型 3	模型 4
	FE	RE	FE	RE
样本	112	112	112	112

注:FE 代表固定效应模型,RE 代表随机效应模型, *** 、** 、* 分别表示 1%、5%以及 10%的显
　著性水平,变量的估计结果中,括号内为 T 统计值,在 F-statistic 的列中,括号内为伴随概
　率 P 值。

　　在高协调组中,模型 1 回归结果显示马歇尔外部性与环境技术
效率呈"倒 U 型"曲线关系,而雅各布斯外部性与环境技术效率之间
的关系并不显著。与之对应,在低协调组中,模型 3 估计结果表明,
雅各布斯外部性与环境技术效率呈"倒 U 型"曲线关系,而马歇尔外
部性与环境技术效率之间关系并不显著。是什么原因导致马歇尔外
部性和雅各布斯外部性在不同协调组中对环境技术效率的影响不
同呢?

　　第一,根据环境技术效率的特点,高协调性产业的"好产出"较
多而"坏产出"较少,马歇尔外部性更易于通过货币外部性增加"好
产出",同时,集聚产业内部通过中间投入品共享来降低治污成本并
减少污染排放,从而一定程度上减少了"坏产出";而当马歇尔外部
性达到一定程度后,恶性竞争或拥挤效应使优势难再发挥,此时环境
技术效率开始下降。所以马歇尔外部性对高协调组的环境技术效率
效果显著。而低协调组产业通常表现为"好产出"相对少而"坏产
出"相对较多,这通常是由于企业规模小、生产能力低、技术水平差
等原因导致,针对这种情况,雅各布斯外部性在低协调组中更有用武
之地。

　　第二,在高协调组中,外商直接投资带来的技术和资金促使了环
境技术效率的提高,而其他控制变量对环境技术效率均没有影响;在
低协调组中,人力资本、企业规模和环境规制对环境技术效率有显著

影响,而外商直接投资则没有影响。由此我们理解为,外商直接投资更易于带来专业化生产和较为严格的环境标准,在这样的产业中,马歇尔外部性更容易发挥作用;而依赖于人力资本和企业规模的产业可能为中小企业,雅各布斯外部性更易于对这类企业产生影响。由此得出本书的第四个经验检验结论:

经验事实4:马歇尔外部性在高协调产业中更易于发生作用,雅各布斯外部性在低协调产业中易于发生作用,假设4得到了证明。

本章从制造业集聚的马歇尔外部性和雅各布斯外部性出发,得出以下主要结论:通过文献综述和逻辑分析,我们认为产业集聚对环境技术效率的影响是通过产业集聚的外部性实现的;一般来说,专业化集聚带来马歇尔外部性,多样化集聚带来雅各布斯外部性,马歇尔外部性与雅各布斯外部性分别与环境技术效率呈"倒U型"曲线关系,并可以同时对环境技术效率存在影响,但是,马歇尔外部性在高协调产业组中更易于发生作用,雅各布斯外部性在低协调产业组中影响更大;我国制造业仍没有摆脱"高投入、高消耗、高污染"的粗放型经济发展模式,所以无论是在劳动密集型还是技术密集型产业中,马歇尔外部性的作用都更为显著,雅各布斯外部性的作用次之。由此,如何有效地利用马歇尔外部性和雅各布斯外部性来实现环境技术效率的提高成为理论界和政策界应该关注的重点问题。

第一,积极利用产业集聚的外部性,在较大范围内提高环境技术效率,促进工业经济与环境的协调发展。政府应对制造业集聚进行科学、合理规划,摸清找准集聚外部性发展的最优拐点,指导集聚企业通过外部性的发挥来优化生产、减少污染,最大限度地实现"好产出"多、"坏产出"少的双重目的,"又快又好"地推进我国工业化进程。

第二,深刻认识马歇尔外部性拐点的重要性。从研究结论可知,虽然马歇尔外部性和雅各布斯外部性对环境技术效率均产生影响,但在我国制造业目前的发展阶段,马歇尔外部性的作用更加显著。

所以,政府应在鼓励制造业集聚向高水平阶段推进中,并极大发挥马歇尔外部性优势的同时,严格控制马歇尔外部性发挥的速度,延缓马歇尔外部性拐点的到来,最大可能地利用其优势帮助我国的制造度过以粗放型增长方式为主的经济发展阶段,实现工业经济与环境的协调发展。

第三,大力支持和促进雅各布斯外部性优势的发挥。研究结果表明,雅各布斯外部性对低协调产业作用更加明显,这对我国由诸多小企业组成的制造业集聚来说意义重大。政府应该为雅各布斯外部性的发挥营造良好的环境,鼓励集聚内不同行业之间以及集聚与集聚之间的竞争合作,通过环保节能领域创新服务平台的搭建及与环保节能相关的配套政策的制定,推进产业多样化发展,积极促成多样化集聚的形成,促使制造业的环境技术水平向技术前沿面拉近。

第八章　适度发展制造业集聚，
提高环境技术效率

第一节　适度发展制造业集聚

无论在空间经济学领域或是环境经济学领域,从产业集聚的视角研究环境技术效率都属于全新的尝试。本书的核心宗旨在于通过构建一个理论分析框架,揭示产业集聚对环境技术效率的影响及其机制,并以中国行业和省份的制造业面板数据为样本进行假设检验,进而为解决制造业发展与环境污染之间的矛盾提出颇有价值的建议。根据这项研究,得出五项主要结论,每个结论都包含了若干有趣或重要的发现,并互相衔接、彼此印证。

不同水平的制造业集聚呈现不同程度的环境污染特征。与以往认为产业集聚度一直处于不断上升趋势的研究结果不同[①],本书结果显示,2001—2009 年中国的制造业集聚从总体上经历了一个完整的生命周期,各年集聚度曲线呈"倒 U 型"。在这个过程中,不同发展水平的产业集聚表现出了不同的环境特征。从总体上看,由于规

---

① 以往对产业集聚度的测度都集中于 2006 年以前,2006 年之前的集聚度的确处于逐年上升趋势,但从 2007 年之后,产业集聚发展到了一定阶段,集聚度出现了下降的趋势,以 2008 年和 2009 年最为明显。

模经济带来的大批量生产使环境污染总量必然随着集聚度的升高而增大，但污染强度却在下降，表明制造业集聚可能是促进环境技术效率水平提高的一个重要动力。从制造业行业的集聚度水平看，低集聚度的行业污染程度较高，高集聚度行业的环境污染水平则相对较低。从制造业的省份专业化程度来看，在专业化水平较低的北京、天津、上海、福建等东部省市，环境污染水平相对较低；广东、江苏等省份的环境污染则较为严重。在专业化程度较高的中西部地区，如河北、山西等省份的污染程度较高，而青海、宁夏等省份环境污染并不严重。这说明，在不同行业和不同区域中，产业集聚对环境的影响可能存在差异。

制造业集聚与环境技术效率存在简单的拟合关系。2001—2009年，中国制造业的行业环境技术效率和省份环境技术效率都得到了不同程度的提高，表明中国在制造业与环境协调发展方面的努力取得了一定成效。但是，制造业整体的环境技术效率偏低，制造业发展与环境污染的矛盾仍然尖锐。从制造业集聚与环境技术效率的拟合关系看，产业集聚度越高的制造业其环境技术效率就越高。从区域角度看，我国东部地区的环境技术效率明显高于中、西部地区，东部地区属于低集聚度、高环境技术效率的区域，中部和西部地区为高集聚度、低环境技术效率的地区。政府需要根据产业及区域的不同发展特征制定相应的经济、环境协调发展战略。

制造业集聚对环境污染存在显著影响。本书分别采用中国2001—2007年行业及省份面板数据，以产业集聚的生命周期理论为分析框架，实证分析了制造业集聚与环境污染之间的关系。回归结果表明：无论是行业层面还是省份层面，制造业集聚与环境污染之间均存在显著的"N型"曲线关系，即在制造业集聚的初级阶段，随着产业集聚度的升高，环境污染加重；当制造业集聚发展到中级阶段，环境污染得到缓解；当制造业集聚发展到成熟阶段，拥挤效应产生，环境污染再次恶化。在各种控制变量中，制造业增长、产业规模和能

源耗费在产业层面和省际层面的回归结果一致,说明在影响环境污染的因素中,工业发展及其带来的能源消耗是影响环境污染的内在因素。FDI、环境规制和技术进步这三个控制变量在产业和省际层面的回归结果表现出很大不同,这三个因素对制造业集聚与区域专业化分工的影响结果存在差异。

制造业集聚对环境技术效率影响显著且稳健。2001—2009 年行业和省份面板数据的实证回归结果表明:无论从制造业层面还是省际层面,产业集聚与环境技术效率之间均呈"倒 U 型"曲线关系,即在制造业集聚度的初始发展阶段,随着制造业集聚度的提升,环境技术效率提高;当制造业集聚发展到成熟阶段,制造业集聚或出现分散趋势,或转型升级,此时环境技术效率随着集聚度的继续升高而降低。目前,我国制造业集聚处于生命周期接近成熟的阶段,集聚度正在向拐点逼近,面临着制造业集聚对环境技术效率的促进作用逐步降低的风险。按照环境技术效率的高低将环境技术效率分为不同组进行实证检验,不同环境技术效率组的制造业行业集聚对环境技术效率的影响与全国数据的检验结果保持了较好的一致性,均呈"倒 U 型"曲线关系,说明回归结果是稳健的。不同行业的制造业集聚对环境技术效率的影响存在一定差异,技术水平较高制造业集聚对环境技术效率的影响较大,而技术水平较低制造业集聚对环境技术效率的影响则不显著。东、中、西部三大区域的专业化分工程度对环境技术效率的影响也存在较大差异,东部地区的制造业集聚与环境技术效率之间呈"倒 U 型"关系,在西部地区二者呈"U 型"显著相关关系,而在中部地区二者之间的关系并不显著。

制造业集聚外部性对环境技术效率的显著影响,是集聚对环境技术效率影响的内在机制。本书认为,制造业集聚的外部性是集聚对环境技术效率产生影响的内在要素,因此,研究制造业集聚的马歇尔外部性和雅各布斯外部性对环境技术效率的影响,是研究集聚对环境技术效率影响的内在机制。实证研究表明:马歇尔外部性与雅各布斯外部性分别与环境技术效率呈"倒 U 型"曲线关系,并同时对环境技术效率存在影响。从不同环境技术效率组出发,马歇尔外部性在环境技术效率较高的行业中更易于发生作用,雅各布斯外部性在环境技术效率较低的行业中影响更大。从产业类别看,无论在劳动密集型产业还是技术密集型产业中,马歇尔外部性的作用均大于雅各布斯外部性的作用。

第二节　有效提高环境技术效率

　　中国工业化进程中制造业与环境协调发展的问题,是一个宏观的、动态的经济、社会、历史问题,要想从根本上解决制造业发展与环境污染之间的矛盾,还需等中国逾越了工业化中期阶段才能实现,这意味着,目前经济发展是我国的首要任务,我们必须在短时期内竭尽所能地减少污染的同时,承担环境污染带来的各种弊端,这也决定了从本书中无法迅速得到缓解制造业发展过程中带来环境污染问题的良方妙策。但毋庸置疑的是,制造业集聚以其自身的组织优势可望在带来更多"好产出"的同时有效地遏制环境污染,从而促进环境技术效率的提高。因此,从中国经济的长远发展考虑,提出如下政策选择。

　　各级政府应遵循制造业集聚的生命周期规律,对制造业集聚优势的发挥因势利导。制造业集聚是一把双刃剑,一方面,当集聚发展到一定阶段,就会通过大规模生产使污染总量增加,达到集聚度拐点后拥挤效应随之产生,使环境不堪承载极限;另一方面,制造业集聚可以通过集聚内企业的通力合作发挥外部性作用,统一建立或使用污染处理设施,共享环境知识和技术,使污染强度降低。因此,政策制定者在扶持产业集聚发展时,应利用产业集聚的发展演变规律,通过产业结构演变、产业转型升级等方式,使制造业集聚在最优化的集

183

聚度内发展,在关注制造业集聚规模的同时,更应关注制造业集聚的质量,激活制造业集聚的环境优势,使其既能很好地发挥"好产出"增加的作用,又达到"坏产出"减少的效果。

各级政府应对集聚可能减少环境污染优势的发挥在政策上给予特别的关注,并促使其促进环境技术效率的提高。当前,制造业集聚仍是促进区域经济发展的主要动力之一,各级政策制定者纷纷出台意见或决定,试图依靠科技创新促进制造业集聚的转型升级,并提出在建立科技创新平台、产学研合作、建立科技产业园区等方面加大投资力度,但却忽视了制造业集聚可能减少环境污染的优势。因此,各级政府应该挖掘制造业集聚在处理环境污染问题方面的潜力,并给予一定的资金扶持,推进产业集聚在环境污染治理方面优势的发挥。

各级政府考虑不同行业制造业集聚的差异性,量身制定制造业集聚发展政策。产业集聚的产生和发展是自发与人为两种力量的结果,这说明集聚既有根据其自身特点产生的历史偶然性,又有通过政府的力量推动其产生、发展的必然性。所以,政府应根据制造业集聚的不同特点,制定相关的产业、环境协调发展政策。其一,借助经济、环境发展的倒逼机制,通过"关、停、并"等形式对产能落后、污染严重的制造业集聚进行"腾笼换鸟",吸引竞争力强、环境管制严格的制造业集聚落户,促使经济和环境外部性的同时外溢;其二,依据制造业特色化特征,积极推进制造业集聚由粗放型生产方式向集约型生产方式转变,促进其从"让我转"向"我要转"转变,激活集聚内企业寻求经济与环境协调发展的主动性,从根本上提高制造业的环境技术效率;其三,依据科技含量高、集聚度高、环保节能的特点,大力促进战略新兴产业集聚。发展战略新兴产业是推进产业结构升级和经济发展方式转变、解决节能减排问题瓶颈的又一创举,符合未来经济社会发展趋势。但是,目前新兴产业规模较小,仍处于产业集聚初始阶段,政府应力争促进集聚成长,使其通过集聚外部性的正效应达到环境技术效率前沿,更好地实现环境与工业协调发展。

　　各级政府应该从区域大协调、大发展的高度制定区域发展战略。目前，中国经济发展处于东部加速、中西部提速的发展阶段，不仅要考虑区域经济的可持续发展，更应考虑区域环境污染问题的尽快解决。我们认为，现阶段中国东部地区的制造业集聚发展较为成熟，呈现多样化集聚态势，同时，东部地区又是污染总量较大的地区，因此可以在限制其发展速度和规模的同时，下大力度挖掘制造业集聚的环境污染治理优势，提高产业集聚质量，促使其健康、平稳地发展。而中西部地区的制造业集聚总体上发展较慢，专业化程度高，产业同构化严重，因此，一方面，可以通过资金投入、技术创新、人才引进等外部力量促使有条件、有前途的集聚成长起来，并提高其环境污染治理水平；另一方面，依靠中、西部地区的自然资源禀赋优势，选择适宜的"干净"型产业发展，保持中西部地区难得的青山碧水。

参考文献

[1] Abdel-Rahman, H., Masahisa Fujita., " Product Variety, Marshallian Externalities and City Sizes", *Journal of Regional Science*, Vol. 30, No. 2, 1990, pp. 165-183.

[2] Adam B. Jaffe, Steven, R. P., Paul, R. P., Robert, N. S., " Environmental Regulation and the Competitiveness of U. S. Manufacturing: What Does the Evidence Tell Us?", *Journal of Economic Literature*, Vol. 33, No. 1, 1995, pp. 132-163.

[3] Ambec, S., Philippe, B., " A Theoretical Foundation of the Porter Hypothesis ", *Economics Letters*, Vol. 75, No. 3, 2002, pp. 355-360.

[4] Arup, M., " Agglomeration Economies as Manifested in Technieal Efficiency at the Firm Level", *Journal of Urban Economies*, Vol. 63, No. 45, 1999, pp. 490-500.

[5] Audretsch, D. B., Fredman, M., " R & D-spillovers and the Geography of Innovation and Production", *American Economic Review*, Vol. 45, No. 86, 1996, pp. 630-640.

[6] Beeson, P., " Total Factor Productivity Growth and Agglomeration Economies in Manufaeturing ", *Joumal of Regional Science*, Vol. 46, No. 270, 1987, pp. 183-199.

［7］Bo-qiang, L., Jiang-hua, L., "Estimating Coal Production Peak and Trends of Coal Imports in China", *Energy Policy*, Vol. 38, No. 1, 2010, pp. 512-519.

［8］Braat, L. C., Van Lierop, W. F. J., *Economic Ecology Modeling*, New York: Elsevier Science Publishing Co., 1987, pp. 48-53.

［9］Brauner-Hjelm, P., Johansson, D., "The Determinants of Spatial Concentration: the Manufacturing and Service Sectors in an International Perspectives", *Industry and Innovation*, Vol. 10, No. 3, 2003, pp. 41-63.

［10］Brülhart, M., Traeger, R., "An Account of Geographic Concentration Patterns in Europe", *Regional Science and Urban Economics*, Vol. 35, No. 6, 2005, pp. 597-624.

［11］Byrne, M., "Is Growth a Dirty Word? Pollution, Abatement and Endogenous", *Growth Journal of Development Economics*, Vol. 54, No. 2, 1997, pp. 261-284.

［12］Camagni, R., Gibelli, M. C., Rigamonti, P., "Urban Mobility and Urban Form: the Social and Environmental Costs of Different Patterns of Urban Expansion", *Ecological Economics*, Vol. 40, No. 2, 2002, pp. 199-216.

［13］Capello R., "Spatial Transfer of Knowledge in Hi-Tech Milieux: Learning Versus Collective Learning Progresses", *Regional Studies*, Vol. 33, No. 4, 1998, pp. 352-365.

［14］Cerin Pontus., "Bring Eonomic Opportunity into Line With Environmental Influence: A Discussion on the Coase Theorem and the Porter and Vender Linde Hypothesis", *Ecological Economics*, Vol. 56, No. 2, 2006, pp. 209-225.

［15］Chichilnisky, G., "North-South Trade and the Global Environment", *American Economic Review*, Vol. 84, No. 4, 1994, pp. 851-74.

［16］Chinitz, B., "Contrasts in Agglomeration: New York and Pittsburgh", *American Economic Review*, Vol. 51, No. 2, 1961, pp. 279-289.

［17］Ciceone, A., "Agglomeration Effects in Europe", *European Eeonomie Review*, Vol. 65, No. 46, 2002, pp. 213-227.

［18］Cole, M., "Trade, the Pollution Haven Hypothesis and the Environmental Kuznets Curve: Examining the Linkages", *Ecological Economics*, Vol. 48, No. 1, 2004, pp. 401-416.

［19］Copeland B., Taylor M., "Trade and Transboundary Pollution", *American Economic Review*, Vol. 85, No. 4, 1995, pp. 716-737.

［20］Copeland B., Taylor M., "Trade, Growth and the Environment. National Bureau of Economic", *Journal of Economic Literature*, Vol. 42, No. 1, 2004, pp. 7-71.

［21］Dasgupta P., Heal G., "*Economic Theory and Exhaustible Resources*", Cambridge University Press, 1979, p. 68.

［22］Dasgupta, P., Laplante, B., Wang, H., Wheeler, D., "Confronting the Environmental Kuznets Curve", *Journal of Economic Perspective*, Vol. 16, No. 1, 2002, pp. 147-168.

［23］Davies, D. R., Weinstein, D. E., "Economic Geography and Regional Production Structure: an Empirical Investigation", *European Economic Review*, Vol. 58, No. 4, 1999, pp. 379-407.

［24］Dean, J., Mary, E., Wang H., "Are Foreign Investors Attracted to Weak Environmental Regulations Evaluating the Evidence from China?", *Journal of Development Economics*, Vol. 90, No. 1, 2009, pp. 1-13.

［25］Delacroix, J., Swaminathan, A., Solt M., "Density Dependence versus Population Dynamics: An Ecological Study of Fallings in the

California Wine Industry", *American Sociological Review*, Vol. 54, No. 2, 1989, pp. 245−262.

[26] Dumais, G., Ellison, G., Glaeser, E. L., " Geographic Concentration as a Dynamic Process ", *Review of Economics and Statistics*, Vol. 84, No. 2, 2002, pp. 193−204.

[27] Duranto, G., Overman, H. G., "Testing for Locatization Using Micro-geographic Data ", *Review of Economic Studies*, Vol. 72, No. 4, 2005, pp. 1077−1106.

[28] Duranton, G., Diego, P., " Diversity and Specialization in Cities: Why, Where and When Does It Matter ?" *Urban Studies*, Vol. 37, No. 3, 2000, pp. 533−555.

[29] Eilis C. Armstrong, Michaehael Robinson, Suellen Hoy, eds., *History of Public Works in the United States*, No. 410, Vol. 5, 1976, pp. 1776−1976,

[30] Ellison G, Glaeser E., " Geographic Concentration in U. S. Geographic Concentration in U.S. Manufacturing Industries: A Dartboard Approach ", *Journal of Political Economy*, Vol. 105, No. 5, 1997, pp. 889−927.

[31] Ellison, Glaeser, Kerr., "What Causes Industry Agglomeration? Evidence from Coagglomeration Patterns", *General Infornation*, Vol. 100, No. 3, 2007, pp. 1195−1213.

[32] Färe R., " Theory and Application of Directional Distance Functions ", *Journal of Productivity Analysis*, Vol. 58, No. 13, 2000, pp. 93−103.

[33] Färe R., Grosskopf, S., Russell, R., *New Directions: Efficiency and Productivit*, Boston/Dordrecht/London: Kluwer Academic Publishers, 2004, pp. 92−99.

[34] Farrell M J., " The Measurement of Productive Efficiency ",

Journal of Royal Statisitc Society, Vol. 46, No. 3, 1957, pp. 253-281.

[35] Feichtinger, G., Richard F. H., Peter M. K., Vladimir M. V., "Environmental Policy, the Porter Hypothesis and the Composition of Capital: Effect of Learning and Technological Process", *Journal of Environmental Economic and Management*, Vol. 50, No. 2, 2005, pp. 434-446.

[36] Fisher-Vanden K, Jefferson G H, Liu H M, et al., "What is driving China's decline in energy intensity?", *Resource and Energy Economics*, Vol. 26, No. 1, 2004, pp. 77-97.

[37] Frank, A. A. M., de Leeuw, Moussiopoulos, N., Sahm, P., Bartonova, A., "Urban Air Quality in Larger Conurbations in the European Union", *Environmental Modeling & Software*, Vol. 16, No. 1, 2001, pp. 399-414.

[38] Friedl, B., Getzner, M., "Determinants of CO_2 Emissions in a Small Open Economy", *Ecological Economics*, Vol. 45, No. 1, 2003, pp. 133-148.

[39] Friedman, J. A, "Urbanization Planning and National Development", *Beverley Hills, Sage*, 1973, pp. 43-52.

[40] Fujita, M., Thisse, J. F., "Economies of Agglomeration", *Journal of Japanese and International Economies*, Vol. 10, No. 21, 1996, pp. 339-379.

[41] Futagami, K. and Ohkusa, "The Quality Ladder and Product Variety: Larger Economies May not Grow Faster", *Japanese Economic Review*, Vol. 54, No. 54, 2003, pp. 336-351.

[42] Galeotti, M., Lanza, A., Pauli, F., "Reassessing the Environmental Kuznets Curve for CO_2 Emissions: A Robustness Exercise", *Ecological Economics*, Vol. 57, No. 1, 2006, pp. 152-163.

[43] Gao, Q., Liu, Y. T., Mao, H. Y., "Environmental Influence of

Wuhan Urban Agglomeration Development and Strategies of Environmental Protection", *Journal of Environmental Science*, Vol. 18, No. 3, 2006, pp. 616-623.

[44] Garofoli, G., "Endogenous Development and Southern Europe", *Avebury*, *Aldershot*, Vol. 32, No. 5, 1992, pp. 31-35.

[45] Gersbach, H., Schmutzler, A., "Decreasing Costs of Communication and Transportation: What Are the Effects on Agglomeration?", *European Economic Review (in press)*, 1999, p. 132.

[46] Glaeser, E. L., Kohlhase, J. E., "Cities, Regions and the Decline of Transport Costs", *Paper in Regional Science*, Vol. 83, No. 1, 2004, pp. 197-228.

[47] Glaeser, E. L., H. D. Kallal, J. A. Schcinkman, A. Shleifer., "Growth in Cities", *Journal of Political Economy*, Vol. 100, No. 100, 1992, pp. 1126-1152.

[48] Gray, W., Shabegian, B., Pollution Abatement Cost. Regulation and Plant Level Productivity, Washington D. C, 1992, p. 56.

[49] Greenstone M., "The Impacts of Environmental Regulation on Industrial Activity: Evidence from the 1970 and 1977 Clean Air Act Amendments and the Census of Manufactures", *Journal of Political Economy*, Vol. 110, No. 6, 2002, pp. 1175-1279.

[50] Grimaud A., "Rouge L. Non-renewable Resources and Growth with Vertical Innovations: Optimum, Equilibrium and Economic Policies", *Journal of Environmental Economics and Management*, Vol. 45, No. 3, 2009, pp. 433-453.

[51] Grossman G., Krueger A., "Environmental Impacts of a North American Free Trade Agreement", *Social Science Electronic Publishing*, Vol. 8, No. 2, 1991, pp. 223-250.

[52] Henderson, J. V., "Medium Size Cities", *Journal of Urban*

191

Economics, Vol. 27, No. 6, 1997, pp. 583-612.

[53] Henderson, J. V., "Marshalls Scale Economies", *Journal of Urban Economics*, Vol. 53, No. 1, 2003, pp. 1-28.

[54] Holmes, T., Stevens, J., "Geographic Concentration and Establishment Scale", *Review of Economics and Statistics*, Vol. 84, No. 4, 2002, pp. 682-690.

[55] Hoover, E.M., "The Measurement of Industrial Loealization", *Review of Economies and Slatistics*, Vol. 18, No. 5, 1936, pp. 162-171.

[56] Jacobs, Jane, "The Death and Life of Great American Cities", *New York: Vintage Books*, 1961, pp. 28-39.

[57] Jeppesen T, List J.A., Folmer, H., "Environmental Regulations and New Plant Location Decisions: Evidence from a Meta-Analysis", *Journal of Regional Science*, Vol. 42, No. 1, 2002, pp. 19-49.

[58] John A. Pecchenino R., "An Overlapping Generation's Model of Growth and the Environment", *The Economic Journal*, Vol. 104, No. 427, 1994, pp. 1393-1410.

[59] Keller, W., "Geograghic Localization of International Technology Diffusion", *American Economic Review*, Vol. 92, No. 1, pp. 120-142.

[60] Kim, S., "Regions, Resources and Economic Geography: Sources of U. S. Regional Comparative Advantage, 1880—1987", *Regional Science and Urban Economics*, Vol. 29, No. 1, 1999, pp. 1-32.

[61] Krugman, P., Venables, A. J., "Globalization and the Inequality of Nations", *Quarterly Journal of Economics*, Vol. 110, No. 4, 1995, pp. 857-880.

[62] Krugman, P., "First Nature, Second Nature and Metropolitan Location", *Journal of Regional Science*, Vol. 33, No. 2, 1993, pp. 129-144.

[63]Krugman,P.,"Increasing Returns and Economic Geography", Journal of Political Economy,Vol. 99,No. 3,1991,pp. 483-499.

[64] Lantz, V., Feng, Q., "Assessing Income, Population, and Technology Impacts on CO_2 Emissions in Canada,Where's the EKC?", Ecological Economics, Vol. 57,No. 2,2006,pp. 229-238.

[65] Lighart J., Van der Ploeg F., "Pollution, the Cost of Public Funds and Endogenous Growth",Economic Letters, Vol. 46,No. 4,1994, pp. 339-349.

[66]Lopez,R.,"The Environment as a Factor of Production:The Effects of Economic Growth and Trade Liberalization", Journal of Environmental Economics and Management, Vol. 27, No. 1, 1994, pp. 163-184.

[67]Magat,W. A.,Viscusi,W. K.,"Effectiveness of the EPA'S Regulatory Enforcement: the Case of Industrial Effluent Standards", Journal of Law and Economics,Vol. 33,No. 2,1990,pp. 331-360.

[68]Magda S,Diego P.,"Measuring Productivity Quality Changes Using Envelopment Analysis: An Application to Catalan Hospitals", Finanical Accountability and Mangement, Vol. 58, No. 3, 2001, pp. 219-245.

[69] Malmquist S.,"Index Numbers and Indifference Surfaces", Trabajos de Estatistica, Vol. 46,No. 4,2009,pp. 209-242.

[70] Marshall, A., Principles of Economics, London: MacMillan, 1920,pp. 110-138.

[71]Martinez-Zarzoso,I.,Bengochea-Morancho,A.,"Pooled Mean Group Estimation for an Environmental Kuznets Curve for CO_2", Economics Letters, Vol. 82,No. 1,2004,pp. 121-126.

[72] Mongelli, I., Tassielli, G., Notarnicola, B., "Global Warming Agreements, International Trade and Energy/Carbon Embodiments:An

193

Input-output Approach to the Italian Case", *Energy Policy*, Vol. 34, No. 1, 2006, pp. 88–100.

[73] Moomaw, R. L., "Firm Location and City Size: Reduced Productivity Advantages as a Factor in the Decline of Manufaeturing in Urban Areas", *Journal of Urban Economics*, Vol. 42, No. 17, 2009, pp. 73–89.

[74] Ohlin, B., *Interregional and International Trade*, Harvard University Press, 1933, pp. 66–69.

[75] Ottaviano, G. l. P., D. Pinelli., "Market Potential and Produetivity: Evidence from Finlnish Regions", *Regional Science and Urban Economics*, Vol. 36, No. 3, 2006, pp. 636–657.

[76] Paluzie, E., Pons, J., Tirado, D., "Regional Integration and Specialization Patterns in Spain", *Regional Studies*, Vol. 35, No. 4, 2001, pp. 285–296.

[77] Panayotou, T., "Demystifying the Environmental Kuznets Curve: Turning a Black Box into a Policy Tool", *Environment and Development Economics*, Vol. 34, No. 2, 1997, pp. 465–484.

[78] Perroux, F., "Economic Space: Theory and Applications", *Quarterly Journal of Economics*, Vol. 64, No. 1, 1950, pp. 89–104.

[79] Porter, M. E., "Americans Green Strategy", *Scientific American*, Vol. 264, No. 4, 1991, p. 168.

[80] Porter, M. E., "Clusters and the New Economics of Competition", *Harvard Business Review*, Vol. 76, No. 6, 1998, pp. 77–90.

[81] Rauch. J. E., *Does History Matter Only When it Matters little? The Case of City-Industry Location*, Vol. 8, No. 3, 1993, pp. 843–867.

[82] Scheel, D., C. Matkin, E. Saulitis., "Distribution of killer whale pods in Prince William Sound, Alaska over a thirteen-year period, 1984—1996", *Marine Mammal Science*, Vol. 62, No. 3, 2009,

pp. 555-569.

[83] Schmitz, H., " Growth Constraints on Small-scale Manufacturing in Developing Countries: A Critical Review", *World Development*, Vol. 10, No. 6, 1982, pp. 429-450.

[84] Segal, D., "Are there Returns to Scale in City Size?" *Review of Economies and Statistics*, Vol. 58, No. 4, 1976, pp. 339-350.

[85] Selden, T., Song, D., " Environmental Quality and Development: Is There a Kuznets Curve for Air Pollution Emissions?" *Journal of Environmental Economics and Management*, Vol. 27, No. 2, 1994, pp. 147-162.

[86] Shafik, N., Bandyopadhyay, S., " Economic Growth and Environmental Quality: Time Series and Cross-country Evidence", *World Bank Policy Research Working Paper*, 1992.

[87] Shefer, D., "Localization Economies in SMSAs: A Production Function Analysis", *Journal of Regional Science*, Vol. 13, No. 1, 1973, pp. 55-64.

[88] Sjoberg, O., Sjoholm, F., "Trade Liberalization the Geography of Production: Agglomeration, Concentration and Dispersal in Indonesia's Manufacturing Industry", *Economic Geography*, Vol. 80, No. 3, 2004, pp. 287-310.

[89] Staber U., "Spatial Proximity and Firm Survival in a Declining Industrial District: the Case of Knitwear Firms in Baden-Wurttemberg", *Regional Studies*, Vol. 35, No. 4, 2001, pp. 329-341.

[90] Stern D I., " China's Changing Energy Intensity Trend: A Decomposition Analysis", Social Science Electronic Publishing, Vol. 30, No. 3, 2008, pp. 1037-1053

[91] Stokey N., " Are There Limits to Growth?" *International Economic Review*, Vol. 39, No. 1, 1998, pp. 1-31.

［92］Swann P. G. M.，"Towards a Model of Clustering in High-Technology Industries"，In Peter Swann G. M.，Prevezer M，Stout D.（eds.），*The Dynamics of Industrial Clustering-International Comparisons in Computing and Biotechnology*，UK：Oxford University Press，1998，pp. 34-56.

［93］Tahvonen，O.，Kuuluvainen，J.，"Economic Growth，Pollution and Renewable Resources"，*Journal of Environmental Economics and Management*，Vol. 24，No. 2，1993，pp. 101-118.

［94］Tan J.，"Industry Clustering，Innovation and Technology Transfer：Evidence from Beijing Zhongguancun Science Park"，*Journal of Business Venturing*，Vol. 21，No. 6，2006，pp. 827-850.

［95］Ulrich，U. J.，Christopher，D. T.，"Agglomeration Effects in Foreign Direct Investment and the Pollution Haven Hypothesis"，*Environ Resource Econ*，Vol. 43，No. 2，2009，pp. 231-256.

［96］Venables A.，"Equilibrium Locations of Vertically Linked Industries"，*International Economic Review*，Vol. 37，No. 2，1996，pp. 341-359.

［97］Verhoef，E. T.，Nijkamp，P.，"Externalities in Urban Sustainability Environmental Versus Localization Type Agglomeration Externalities in a General Spatial Equilibrium Model of a Single-sector Mono-centric Industrial City"，*Ecological Economics*，Vol. 40，No. 2，2002，pp. 157-179.

［98］Virkanen，J.，"Effect of Urbanization on Metal Deposition in the Bay of Töölönlahti"，*Southern Finland Marine Pollution Bulletin*，Vol. 36，No. 9，1998，pp. 729-38.

［99］Wagner，M.，"The Carbon Kuznets Curve：A Cloudy Picture Emitted by Bad Econometrics?" *Resource and Energy Economics*，Vol. 30，No. 3，2008，pp. 388-408.

［100］Weber，A.，*Theory of the Location of Industries*，University of Chicago Press Chicago，1929.

［101］Xepapadeas，A.，Zeeuw，A.J.，"Environmental Policy and Competitiveness：The Porter Hypothesis and the Composition of Capital"，*Journal of Environmental Economics and Management*，Vol.65，No.37，1999，pp.165-182.

［102］Zeng，D.Z.，Zhao，L.X.，"Pollution Havens and Industrial Agglomeration"，*Journal of Environmental Economics and Management*，Vol.58，No.4，2009，pp.141-153.

［103］［德］阿尔弗雷德·韦伯：《工业区位论》，李刚剑等译，商务印书馆1997年版。

［104］［英］阿尔弗雷德·马歇尔：《经济学原理》（上卷），陈良璧译，商务印书馆2005年版。

［105］［美］保罗·克鲁格曼：《地理和贸易》，张兆杰译，北京大学出版社2000年版。

［106］薄文广：《外部性与产业增长——来自中国省级面板数据的研究》，《中国工业经济》2007年第1期。

［107］蔡昉、都阳、王美艳：《经济发展方式转变与节能减排内在动力》，《经济研究》2008年第6期。

［108］陈良文等：《经济集聚密度与劳动生产率差异——基于北京市微观数据的实证研究》，《经济学》（季刊）2008年第1期。

［109］陈诗一：《能源消耗、二氧化碳排放与中国工业的可持续发展》，《经济研究》2009年第4期。

［110］陈诗一：《节能减排与中国工业的双赢发展：2009—2049》，《经济研究》2010年第3期。

［111］陈友国：《经济发展方式变化对中国碳排放强度的影响》，《经济研究》2010年第4期。

［112］陈媛媛、李坤望：《中国工业行业二氧化硫排放强度因素

分解及其影响因素——基于 FDI 产业前后向联系的分析》,《管理世界》2010 年第 3 期。

[113] 范剑勇、石灵云:《产业外部性、企业竞争环境与劳动生产率》,《管理世界》2009 年第 8 期。

[114] 范剑勇:《产业聚集与地区间劳动生产率差异》,《经济研究》2006 年第 11 期。

[115] 范剑勇:《长三角一体化、地区专业化与制造业空间转移》,《管理世界》2004 年第 11 期。

[116] 符正平:《中小企业集群生成机制研究》,中山大学出版社 2004 年版。

[117] 傅十和、洪俊杰:《企业规模、城市规模与集聚经济——对中国制造业企业普查数据的实证分析》,《经济研究》2008 年第 11 期。

[118] 国务院发展研究中心课题组:《全球温室气体减排:理论框架和解决方案》,《经济研究》2009 年第 3 期。

[119] 胡鞍钢、郑京海、高宇宁:《考虑环境因素的省级技术效率排名(1999—2005)》,《经济学》(季刊)2009 年第 3 期。

[120] 胡鞍钢:《2009 年世界发展报告——重塑经济地理》,清华大学出版社 2009 年版。

[121] [美]吉尔伯特·菲特和吉姆·里斯:《美国经济史》,辽宁人民出版社 1980 年版。

[122] 金碚:《国际金融危机下的中国工业》,《中国工业经济》2010 年第 7 期。

[123] 金碚:《中国工业变革振兴 60 年》,《中国工业经济》2009 年第 6 期。

[124] 金碚:《资源环境管制与工业竞争力关系前理论研究》,《中国工业经济》2009 年第 3 期。

[125] 金碚:《资源与环境约束下的中国工业发展》,《中国工业

经济》2005 年第 4 期。

［126］李世祥、成金华:《中国主要工业省区能源效率分析:1990—2006》,《数量经济技术经济研究》2008 年第 10 期。

［127］李小平、卢现祥:《国际贸易、污染产业转移和中国工业 CO_2 排放》,《经济研究》2010 年第 1 期。

［128］李新春:《企业家协调与企业集群——对珠江三角洲专业镇企业集群化成长的分析》,《南开管理评论》2002 年第 3 期。

［129］李永友、沈坤荣:《我国污染控制政策的减排效果——基于省际工业污染数据的实证分析》,《管理世界》2008 年第 7 期。

［130］梁琦:《产业集聚论》,商务印书馆 2004 年版。

［131］梁琦:《分工、集聚与增长》,商务印书馆 2009 年版。

［132］林伯强、蒋竺均:《中国二氧化碳的环境库兹涅茨曲线预测及影响因素分析》,《管理世界》2009 年第 4 期。

［133］林伯强、刘希颖:《中国城市化阶段的谈排放:影响因素和减排策略》,《经济研究》2010 年第 8 期。

［134］蔺雪芹、方创琳:《城市群地区产业集聚的生态环境效应研究进展》,《地理研究进展》2008 年第 3 期。

［135］刘笑萍、张永正、长青:《基于 EKC 模型的中国实现减排目标分析与减排对策》,《管理世界》2009 年第 4 期。

［136］路江涌、陶志刚:《中国制造业集聚程度变动趋势实证研究》,《经济学季刊》2007 年第 3 期。

［137］罗勇:《产业集聚、经济增长与区域差距——基于中国的实证》,中国社会科学出版社 2007 年版。

［138］[美]迈克尔·波特:《国家竞争优势》,华夏出版社 2002 年版。

［139］彭水军、包群:《中国经济增长与环境污染——基于广义脉冲响应函数法的实证研究》,《中国工业经济》第 2006 年第 5 期。

［140］沈正平、刘海军、将涛:《产业集群与区域经济发展探

究》,《中国软科学》2004 年第 2 期。

[141] 石灵云:《产业集聚、外部性与劳动生产率——来自中国制造业四位数行业的证据》,复旦大学博士学位论文,2008 年。

[142] 世界银行:《2009 年世界发展报告——重塑经济地理》,清华大学出版社 2009 年版。

[143] 世界银行:《2010 年世界发展报告——发展与气候变化》,清华大学出版社 2010 年版。

[144] 孙洛平、孙海琳:《产业集聚的交易费用理论》,中国社会科学出版社 2006 年版。

[145] 唐德才:《工业化进程、产业结构与环境污染——基于制造业行业和区域的面板数据模型》,《软科学》2009 年第 10 期。

[146] 涂正革:《环境、资源与工业增长的协调性》,《经济研究》2008 年第 2 期。

[147] 汪克亮:《基于非参数前沿方法的中国省际全要素能源效率研究》,天津大学博士学位论文,2011 年。

[148] 王兵、王春胜:《论环境技术社会化的社会制约》,《中国科技论坛》2006 年第 3 期。

[149] 王兵:《中国区域环境效率与环境全要素生产率增长》,《经济研究》2010 年第 5 期。

[150] 王崇峰:《生态城市产业集聚问题研究》,人民出版社2009 年版。

[151] 王锋、吴丽华、杨超:《中国经济发展中碳排放增长的驱动因素研究》,《经济研究》2010 年第 2 期。

[152] 王海宁、薛惠锋:《中国不同时期经济发展与碳排放的关联分析》,《环境科学与技术》2011 年第 6 期。

[153] 王缉慈:《创新的空间——产业集群与区域发展》,北京大学出版社 2001 年版。

[154] 王丽丽:《中国产业集聚与全要素生产率增长——基于贸

易开放的门槛效应研究》,山东大学博士学位论文,2010 年。

[155] 王业强、魏后凯:《产业特征、空间竞争与制造业地理集中——来自中国的经验证据》,《管理世界》2007 年第 4 期。

[156] 冼国明、文东伟:《FDI、地区专业化与产业集聚》,《管理世界》2006 年第 12 期。

[157] 许广月、宋德勇:《中国碳排放环境库兹涅茨曲线的实证研究——基于省域面板数据》,《中国工业经济》2010 年第 5 期。

[158] 杨洪焦、孙林岩、吴安波:《中国制造业集聚度的变化趋势及其影响因素研究》,《中国工业经济》2008 年第 4 期。

[159] 于峰、齐建国:《开放经济下环境污染的分解分析》,《统计研究》2007 年第 1 期。

[160] 章元、刘修岩:《聚集经济与经济增长:来自中国的经验证据》,《世界经济》2008 年第 3 期。

[161] 赵果庆、罗宏翔:《中国制造业集聚强度与显著性——基于方差假设检验》,《经济管理》2009 年第 7 期。

[162] 赵伟、张萃:《中国制造业区域集聚与全要素生产率增长》,《上海交通大学学报》(哲学社会科学版)2008 年第 5 期。

[163] 仲崇峰、段万春:《并购企业文化整合的路径依赖性研究》,《工业技术经济》2006 年第 5 期。

[164] 周兵、蒲勇健:《一个基于产业集聚的西部经济增长实证分析》,《数量技术经济研究》2003 年第 8 期。

[165] 庄贵阳:《中国发展低碳经济的困难与障碍分析》,《江西社会科学》2009 年第 7 期。

后　记

　　经过一年多的酝酿，这本专著即将出版。回望来路，探索时的艰辛、初窥学术真谛时的欣喜、迷茫时的绝望、收获时的喜悦仍历历在目。本书是在博士论文的基础上修改完成的，算是多年来从事产业经济与环境经济研究的一个阶段性总结。

　　从博士论文的成型到专著的出版，涓滴进步都离不开诸多良师益友的帮助与关怀，正是有了你们无私的帮助，我才得以坚持走完这段艰辛的道路。我要感谢博士生导师杨永福教授。博士论文的完成凝聚了老师大量的心血，没有老师孜孜不倦的指导和点化，就没有论文的顺利完成。除了在学术上的悉心指导，老师还在做人方面给予我谆谆教诲，老师教我做学术要"顶天立地"，做人要踏踏实实，失落时要"风物长宜放眼量"，懈怠时要不忘"做好学生本分"，学生将永志不忘。老师睿智博学、治学严谨、为人谦逊，他正直、善良的处世方式深深地激励和感染着我，使我受益终身。

　　感谢我的博士后合作导师徐勇教授。一进入博士后工作站后，徐老师就对我的博后研究思路进行了细致的指导，并激励我在完成出站条件的基础上高标准地严格要求自己。同时，徐老师对我的生活给予了无微不至的关怀，常常询问我刚出生的宝宝的成长状况，并鼓励我照顾好宝宝与做科研是同样重要的事。徐老师在管理学领域造诣颇深，为我打开了新的研究视野，在与同学交流时，徐老师总会在谈笑风生中教会我一些人生道理,自然、轻松、记忆深刻。徐老师谦逊的为人品格和儒雅的师德风范,时时让我感到得遇良师的幸福。

在攻读博士学位和做博士后研究期间,中山大学岭南学院和管理学院的老师们给予我诸多无私帮助。感谢曾给我授课的储小平教授、张建琦教授、陈宏辉教授、才国伟教授,他们对教学的奉献精神使我感动;感谢王珺教授提供给我参与教育部重大课题的机会,使我认识并了解了产业集聚,为论文的顺利进行奠定了扎实的基础;感谢李胜兰教授、孙洛平教授、邹建华教授、陈平教授、姚益龙教授在开题报告、预答辩和答辩中提出的弥足珍贵的建议;感谢王美今教授对论文计量模型的建议;感谢徐现祥教授对论文提出的宝贵意见。感谢在繁忙工作中拨冗参加我出站报告答辩会的毛艳华教授、余鹏翼教授和施卓敏教授,他们对出站报告真知灼见的点评使我受益良多。

书稿的完成,离不开同学益友的极力帮助。感谢博士班的胡毅博士、王珍珍博士、欧燕博士、邱冰博士,正是在与他们多次讨论获得灵感之后,才使论文的思路更加清晰。感谢黄亮雄博士、万陆博士、王贤斌博士、杨礼琼教授对论文提出的有益建议,感谢郭慧武博士无私给予的数据支持。感谢师弟金晓雨不劳辛苦地与我一起计算数据,如果没有他,也就不会有我第一篇论文的发表。感谢同门所有成员在我学习和生活中给予的真诚相助,跟他们在一起的时光将是我记忆中最美丽的风景。

此外,本书的一些内容已经在国家重要学术期刊上公开发表。第一章的部分内容发表在《广东科技》(2015 年第 18 期),第二章第二节的内容发表在《现代管理科学》(2016 年第 1 期)、第二章第三节的内容发表在《中外企业家》(2015 年第 33 期),第三章第二节和第四节的主要内容发表在《中国科技论坛》(2011 年第 2 期),第五章的主要内容发表在《经济管理》(2010 年第 9 期),第六章第三节的主要内容发表在《经济管理》(2013 年第 9 期)、第六章第四节的主要内容发表在《软科学》(2014 年第 5 期),第七章的部分内容发表在《软科

学》(2011年第9期)。对匿名审稿人对论文给出的修改意见,在此表示真诚感谢。

从博士论文到这部书稿的完成,最应该感谢的是我的家人。感谢我的父母,他们无怨无悔、一如既往的支持是我前进的最大动力。感谢我的先生罗斌博士,没有他的爱、理解、包容和无私的奉献,我的生活将是另一番光景。感谢上天赐予我的礼物——优优,尽管养育他十分辛苦,但是他的一个笑容、一声"妈妈"都足以让一切烦累烟消云散,新生命的力量将促使我义无反顾地大胆向前。

李伟娜

2016年1月

于广东金融学院专家楼